本书由国家留学基金委资助、
北京印刷学院校级项目（Ea202311）

U0461529

媒介·空间·事件

当代美国政治视觉修辞研究

袁雪　著

知识产权出版社

全国百佳图书出版单位

——北 京——

图书在版编目（CIP）数据

媒介·空间·事件：当代美国政治视觉修辞研究／袁雪著. --北京：知识产权出版社，2025.5. -- ISBN 978-7-5130-9959-2

Ⅰ．D771.2

中国国家版本馆 CIP 数据核字第 2025XT1082 号

内容提要

本书聚焦美国政治传播领域，旨在探究视觉符号在美国政治语境中的作用机制。研究以"所有形式的传播都是修辞性的"为认知起点，以"图像如何通过修辞机制作用于观看者"作为核心问题，将美国政治视觉修辞视为建构美国社会现实的象征性行动，其功能具体体现为统治与劝服、出场与表演、回忆与记忆、对抗与抵抗四个维度。在研究对象层面，本书将其具体划分为视觉化的媒介文本、空间文本与事件文本三类，强调不同文本形态因其结构特性而具备独特的修辞机制与作用路径。

本书适合新闻传播领域研究者阅读。

责任编辑：李　婧　　　　　　　　　责任印制：孙婷婷

媒介·空间·事件——当代美国政治视觉修辞研究

MEIJIE·KONGJIAN·SHIJIAN—DANGDAI MEIGUO ZHENGZHI SHIJUE XIUCI YANJIU

袁　雪　著

出版发行：**知识产权出版社** 有限责任公司	网　　址：http://www.ipph.cn
电　　话：010 - 82004826	http://www.laichushu.com
社　　址：北京市海淀区气象路 50 号院	邮　　编：100081
责编电话：010 - 82000860 转 8594	责编邮箱：laichushu@ cnipr.com
发行电话：010 - 82000860 转 8101	发行传真：010 - 82000893
印　　刷：北京中献拓方科技发展有限公司	经　　销：新华书店、各大网上书店及相关专业书店
开　　本：720mm×1000mm　1/16	印　　张：11.25
版　　次：2025 年 5 月第 1 版	印　　次：2025 年 5 月第 1 次印刷
字　　数：161 千字	定　　价：58.00 元

ISBN 978-7-5130-9959-2

出版权专有　侵权必究

如有印装质量问题，本社负责调换。

在图像政治的迷宫中寻找意义之锚

在数字媒体与社交平台重构政治传播生态的今天，政治图像实践犹如一面棱镜，折射出权力、情感与符号之间复杂而多变的互动关系。从美国竞选广告中的视觉叙事到社交媒体上的模因狂欢，从美国国家广场的纪念碑到街头涂鸦的政治宣言，图像早已超越"辅助语言"的工具属性，成为塑造美国公众认知、动员政治参与的核心载体。然而，这一现象在既有研究中却长期处于"灯下黑"状态——美国政治传播学界对修辞策略、语言符号的关注远超对视觉符号的系统性研究。这种研究偏颇不仅遮蔽了图像作为"政治修辞新语法"的本质属性，更使我们对当代美国政治文化的理解陷入"重文本、轻图像"的认知迷宫。

一、破题：从"语言符号中心主义"到"视觉本体论"的范式革命

传统美国政治传播研究受限于"语言符号中心主义"范式，将图像简化为文字的附属品或"沉默的见证者"。然而，视觉修辞的实践逻辑远非如此。正如本研究所揭示的，图像通过"统治与劝服""出场与表演""回忆与记忆""对抗与抵抗"四大象征性行动，构建起一个超越语言的权力网络：美国新闻图片的构图选择暗含意识形态规训，美国政治人物的"视觉

出场"重构美国公众的情感联结，博物馆空间的空间叙事塑造集体记忆，而互联网模因则成为对抗性话语的流动战场。这种"视觉本体论"的转向，要求我们重新审视图像在美国政治传播中的主体性地位。

二、方法论：跨学科整合与文化研究路径的融合

本书以文化研究路径与情感研究路径为方法论框架，尝试突破传统视觉研究的静态"物理数据分析"局限，将图像的生产、传播与接受视为动态互动的整体，结合视觉修辞分析、文本批判与参与观察，既关注媒介文本的符号编码规则，也追踪空间文本的物质性实践，更剖析事件文本的流动性生成机制。这种多维度、过程性的研究设计，使本书能够穿透"拟像现实"的表象，揭示视觉符号如何通过情感劳动与文化记忆的缝合，完成美国意识形态的再生产。

三、结构：从文本形态到政治意涵的立体解剖

本研究共七章，构成"理论奠基—文本分析—实践反思"的递进结构。

1. 理论奠基

重构美国政治视觉修辞的概念体系，批判其"社会政治真空"的研究困境，提出"文化实践—情感结构—权力关系"的分析框架。

2. 文本分析

•媒介文本：解码美国新闻图片的"观看结构"与美国政治广告的"情感劳动"，揭示美国符号系统如何通过开放性规则实现权力渗透。

•空间文本：以美国博物馆为案例，剖析空间设计如何将物质实体转化为"记忆的剧场"，完成身份认同的仪式化生产。

•事件文本：追踪互联网模因的传播路径，论证参与式文化如何通过视觉化表达重构美国公共话语。

3. 实践反思

在"后真相"语境下，批判美国政治传播与舆论生态的脱轨现象，提出视觉符号研究的现实观照价值。

四、创新：弥合理论与现实的学术探险

本书的贡献主要体现在两个方面。

•理论创新：提出"政治视觉修辞"的复合型概念，突破理性/感性、语言/图像的二元对立，构建跨学科分析框架。

•方法创新：将"实物修辞"转向"视觉修辞"的过程性，强调图像事件的流动性与参与性。

结语：在迷宫中锚定意义

当算法与流量重塑美国政治图像的生产逻辑，当"深度伪造"模糊真实与虚构的边界，本书或许能成为一把钥匙：它试图打开美国图像政治的密室，让隐藏在色彩与构图背后的权力博弈、情感动员与文化记忆浮出水面。这既是一场学术探险，亦是对当代美国民主困境的回应——在图像统治的时代，唯有重新发现视觉符号的批判潜力，才能守护意义与理性的最后灯塔。

美国政治实践的视觉化建构催生出独具后现代特质的视觉政治文化，其图像生产机制与解码模式亟待跨学科解构。尽管 W. J. T. 米切尔的"图像转向"理论早已开启了语言视觉研究的范式革命，但美国政治传播学界仍深陷语言中心主义的认知窠臼——修辞策略分析、议程框架理论与语言符号研究持续占据主导地位，而视觉符号的政治传播力却遭遇系统性忽视。这种理论盲点导致人们对"图形即行动"（Mitchell，2005）的政治效能认知严重不足。

视觉修辞是在视觉维度上的意指实践。本书从"所有形式的传播都是修辞性的"认知出发，将图像如何以修辞的方式作用于观看者作为基本问题，通过解构美国政治视觉文化的生成机制，试图解释美国政治图像如何通过"视觉性"建构完成权力合法性的符号化再生产、视觉修辞的"超真实"特质对美国民主审议过程的侵蚀效应、数字媒介时代"流动的视觉性"对传统美国政治传播范式的颠覆性影响。

本书将政治视觉修辞看作一种建构美国社会现实的手段和一种象征性行动，具体分为统治与劝服、出场与表演、回忆与记忆、对抗与抵抗。在具体研究对象上，分为视觉化的媒介文本、空间文本、事件文本，不同的文本形态对应不同的结构作用和修辞方法。媒介文本，是以新闻图片、政治漫画、商业与政治广告、摄影作品等为代表的文本形态，强调一种"观看"结构,对媒介文本的分析思路是在图像表征与符号系统层面挖掘其意义。空间文本,以纪念碑、博物馆、超市、广场等为代表,强调一种"体验"结构。视觉修辞研究在经历了"实物修辞"转向之后,空间本身就成为修辞分析的对象,具体侧重将物质置于空间结构中探究其意义语境及文化记忆的塑造。事件文本,即以公共领域议题为内容的影像事件,强调一种"参与"结构。事件文本具有流动性,对此的视觉修辞分析强调在实践和过程中把握图像事件的发生机制和意义。

本书的具体内容框架如下。

第1章,绪论。介绍了本书研究的对象及意义、研究方法,对相关研究进行了文献梳理,对"情感与情绪""视觉修辞的文本形态"进行了概念表述。

第2章,政治视觉修辞的情感呈现与意义生产。本章为后续章节的研究提供了路径与问题两方面的规范性框架。梳理了视觉修辞的学术发展脉络,并对人文社科领域出现的"文化转向"与"情感转向"进行回顾和理论资源归纳,前者是引发媒介研究开始关注新闻界的意义生产,后者打破了传统人文社科的认知局限。政治视觉修辞在一定程度上弥合了传统"感性 vs 理性"的二元对立,将感性的情感呈现与理性的意义生产相融合。

第3章,本章分析媒介文本基于统治与劝服象征性行动下的表征意义,主要关注媒介文本中各元素结构和叙事功能,对视觉修辞符码系统的图像表征方式进行详细论述。符号传播是一种权力机构维护其统治地位的传播方式,符号系统通过视觉论据来传递劝服意图,而视觉语法的开放性规则也为传播的落地提供了保护性依据。图像表征以情感传播策略为导向,在符号中生产与权力相伴的情感。

第4章,本章分析媒介文本基于出场与表演象征性行动下的互动意义,旨在揭示美国政治人物通过图像提供的表演、交流与情感劳动。美国政治人物的"出场"意味着形成一种观看结构和视觉关系,并在"表演"中与观众实现接触并建立一种互动关系。本章以视觉文化概念、情感社会学理论为基础，分析讨论了美国政治人物在政治传播中的表演和互动，并认为美国政治人物按照预先的叙事脚本进行情感劳动。这项情感劳动需要美国政治人物履行情感任务，去感知公众的焦虑，并对其作出回应。通过积极地参与情感劳动，培养一种创造性的政治传播方式。

第 5 章，本章分析空间文本基于回忆与记忆象征性行动下的视觉生产。作为空间化的叙事文本，博物馆是一种重要的形态。在其修辞结构中，空间设计、空间生产都与特殊的使命相联系，即通过记忆的塑造完成一种认同。本章以视觉修辞的视角来谈回忆与记忆，论述了空间文本的政治意义与情感记忆功能。

第 6 章，本章分析事件文本基于对抗与抵抗象征性行动的话语与情感结构。图像事件的特点是流动性，因此对事件文本的分析不是静态的，而是要将其放置于实践和过程之中。从事件文本的新闻报道框架、视觉导向框架、话语意义模型出发讨论美国话语生产，从事件文本的情感结构出发讨论其作为情感集合的潜力。以互联网模因为案例，分析这种参与式文化的公共话语与情感结构是如何凸显美国民众在挑战政治权威、媒体话语及主导意识形态方面的能动性。

第 7 章，作出结论，对研究不足与创新性进行总结。在美国当下的后真相政治环境下反思美国政治传播与舆论环境脱轨的情况，观照现实。

传统的视觉修辞研究集中于视觉图像的物理数据分析，基于物理数据论证图像功能的合法性与合理性。这种研究路径将视觉修辞置于一种社会政治真空中，或者说将视觉修辞悬挂于社会结构与意识形态之外。本书以制作和观看图片是一种基于文化的实践的观点为前提，以情感研究路径与文化研究路径为规范性框架，应用视觉修辞分析、文本分析和修辞批评等方法，回答了视觉符号的建构方式、视觉符号的修辞表征、政治视觉符号的规范性意涵等问题。立足于此，本书着重考察视觉符号在美国政治语境中的使用，从视觉表征视角探究美国话语、权力与意识形态之间的关系。研究发现，美国权力机构的意识形态管理的有效性是通过创造一个拟像现实来实现的，传播方在拟像中完成统治与劝服、出场与表演象征性行动，接收方在拟像中完成观看行为，并向统治权力施以反抗或抵抗，在媒介叙事中完成回忆与记忆，这些结论均为传统的美国政治传播分析提供了一种有价值的补充。

▶▶ 目 录

第 **1** 章

绪 论

1.1 研究对象、意义及目标

1.1.1 研究对象及意义

一直以来，视觉符号都是政治传播的核心组成部分。美国政治运动和政府执政都发生在一个由图像主导的大众民主社会，视觉图像创造了一种独特的政治文化。各种研究传统学科的学者们都对图像如何在公共领域发挥作用这个问题进行探察。在政治传播领域，存在一个必须被挑战的认知，即视觉化对政治领域的影响有限，且运作程序较为简单。这个认知不仅错误，而且对这一领域的研究产生了"寒蝉效应"。政治传播学者只关注书面或口语文本，但这仅仅是政治传播过程的一小部分。正如视觉研究的先驱学者多丽丝·格雷伯认为，一个人无法充分判断电视新闻所传递的信息,对语言方面的考察会严重歪曲新闻所传达的意思,但这些信息的视觉表现则不会出现这样的问题。所以,有必要以相关理论来检验视觉符号在政治语境中的作用。

视觉修辞是古典修辞学的一个分支,它将不同领域的视觉图像作为研究对象,以发掘信息传播中视觉图像的劝服特征和规律为目的。本书从"所有形式的传播都是修辞性的"认知出发,将政治视觉修辞看作一种建构社会现实的手段和象征性行动。视觉修辞是在视觉维度上锻造话语的实践,其研究核心命题是图像如何以修辞的方式作用于观看者。政治传播的三个核心要素包括:新闻及新闻产业、政治角色的传播战略和公民的信息习惯。所以,本书将美国政治人物及其新闻生产看作统治与劝服、出场与表演的象征性行动,将公众的对抗与抵抗、回忆与记忆视为信息接收反馈。在具体研究文本上,本书将其分为视觉化的媒介文本、空间文本、事件文本。

美国社会各方面的变化削弱了不同生活领域之间的界限,导致政治与流行文化交织在一起。人与政治的关系趋向于一种消费模式,政治视觉修辞的象征性行动就是发生在这种模式之中。人们从政治中寻求某种情感化的经验,虽然这种政治消费化被很多人批判过,但情感在政治传播中的影响还未被探索。本书以制作和观看图片是一种基于文化的实践的观点为前提,以情感研究路径与文化研究路径为规范性框架,关注图像关系、图像的视觉修辞与当代美国政治影像管理背后的潜在动机,从视觉表征视角探究话语、权力与意识形态之间的关系,并尝试在情感视角下对政治传播的民主进程重建一个可行性的解决措施,为传统的政治传播分析提供一种有价值的补充。

1.1.2 研究目标

本书着眼于视觉修辞的意义机制,即揭示图像系统中的修辞结构的工作原理。研究的目标主要集中在以下几个方面：一是政治视觉修辞的表征途径及其作用价值；二是视觉修辞的运作机理；三是视觉符码系统的情感呈现与意义生产机制；四是政治视觉修辞传播语态。

具体来说：

（1）为政治传播研究中的视觉符号研究提供理论和文献基础；

（2）从当代学术界的"文化转向"与"情感转向"出发，为本研究构建一个规范性研究框架；

（3）视觉符号是如何建构的、视觉修辞在政治语境中的意涵；

（4）尝试为美国政治传播的民主进程提供一个可行的解决措施。

1.2　文献综述

1.2.1　政治视觉修辞

在国外研究方面，莱斯特·奥尔森（Lester C. Olson）、卡拉·芬尼根（Cara A. Finnegan）和戴安·霍普（Diane S. Hope）合作编著的《视觉修辞：传播与美国文化读本》（*Visual rhetoric：A reader in communication and American culture*，2008）收集了多篇文章，对美国政治传播中的视觉修辞进行了研究。

卡拉·芬尼根（Cara A. Finnegan）的《认识林肯：19 世纪视觉文化中的图片白话》，基于 1895 年麦克卢尔（*McClure*）杂志上刊登的一张林肯总统年轻时期的照片来分析已故总统林肯的性格品质；朱迪斯（Judith Lancioni）的《修辞框架：内战的档案照片修订》，以视觉修辞研究方法对肯恩·伯恩斯（Ken Burns）的纪录片《内战》进行了分析；詹妮斯·爱德华和卡罗尔·温克勒（Janis Edwards & Carol Winkler）的《表现形式和视觉象形文字：政治漫画中的硫黄岛形象》，对依据 1945 年美国海军陆战队登陆硫黄岛插上美国国旗的著名照片而创作的政治漫画进行了分析，指出美国视觉文化中所具有的意义；芭芭拉·比泽克（Barbara Biesecker）的《纪念第二次世界大战：21世纪之交的修辞与国家纪念政治》，考察了20世纪90年代创作的影像对公众关于"二战"的集体记忆的建构作用；莱斯特·奥尔森（Lester Olson）的《本杰明·富兰克林的美国英属殖民地的图片化展示：一项修辞意象学研究》对富兰克林创作的两幅画作进行了比较分析。基思·埃里克森（Keith Erickson）的《总统修辞的视觉转向》分析了几届政府的总统照片影像；肖恩·帕里-贾尔斯（Shawn Parry-Giles）的《希拉里·克林顿的媒介效应：后现代的电视新闻实践和形象制造》以NBC的一档新闻节目循环播出克林顿的视频片段为案例，对克林顿的形象进行了修辞分析；德纳·克劳德（Dana Cloud）的《恐怖威胁的面纱：美国反恐战争影像中的阿富汗妇女与〈文明冲突〉》分析了2001—2002年"反恐战争"期间描绘阿富汗妇女的照片。

上述文献均对政治视觉修辞的基本问题提供了富有成效的回答，文献的结论都指向图像与文字的说服方式有所区别。

凯瑟琳·杰米逊（Jamieson，1988）以当代社会政治修辞的发展、演变轨迹为研究核心，得出了视觉修辞已经成为公共话语空间构建的主要修辞手段的论断，因为"建立在记忆认知基础上的文字符号正逐渐被电视时代戏剧性的、易溶性的、视觉性的瞬间取而代之"。罗伯特·哈里曼和约翰·路赛特（Hariman，Lucaites，2007）认为图像在公共领域中的作用可以归结为"怀疑诠释学"，新闻摄影图片对市民身份认同的形成至关重要。约翰·德利卡斯和凯文·迪卢卡（Delicath，Deluca，2003）从文化与政治范畴内阐释了图像构建社会正义的政治潜力——"在视觉文化时代，急需视觉正义成为社会矛盾构建的核心驱动力。目前的传播趋势呈现出一个新态势，即图像有能力承担观念生产、理由呈现、舆论塑造的重任，因此，图像可以视为公平正义得以发生的引擎"。多丽丝·格雷伯（Graber，1988）

从媒介文化变迁的角度考察了社会争议建构"图像转向"的历史脉络:"在以电视为视觉标准的电子媒介时代,印刷时代的价值结构被迫作出了适度的调整,曾经被推崇的借助文字符号传递的抽象意义,已经开始让位于建立在图像传播基础上的现实与感受。"安东尼·布莱尔(Blair,2004)认为,相对于语言文字的话语建构效果,图像在与受众的心理互动中更具备"意义生产者"的劝服力量。

在国内研究方面,周勇等(2012)通过对 2009—2011 年的 30 幅热点图像进行内容与框架分析,认为图像能否成功建构舆论的关键在于图像能否在与受众、网络和社会环境的互动中形成强烈的视觉、心理、利益与情感冲突。盛希贵,贺敬杰(2014)分析了公众在新媒体环境下对政治类新闻图片以狂欢娱乐化和悬置语境预设等方式进行处理和解读的现象。陈红玉(2017)认为视觉修辞作为显性媒介,为政治传播带来强大的能量场。视觉媒介可能导致新的话语格局变化,并已成为现代政治传播中强大的价值传递工具和文化力量。刘涛(2012)认为,图像事件这一批判修辞策略在视觉文化时代成为构造公共议题的一种后现代公共修辞形式。陈世华,刘晶(2017)通过梳理政治传播中的视觉修辞的演变,认为视觉修辞在纸媒时代处于边缘地位,在电视时代成为主流,在新媒体时代呈现狂欢化特征。刘晶(2017)对政治传播中的视觉修辞的性质和功能,政治视觉符号的修辞建构方式以及研究方法进行了研究。陈红玉(2017)认为视觉媒介已经成为现代政治传播中有力的价值传递工具。王艳茹(2018)从修辞、叙事以及传播内容等方面论述了新媒体时代我国政治传播视觉修辞的发展特征。

1.2.2　情感与媒介研究

在国外研究方面,对于情感视角下的媒介作用,有以下几种总结:媒介可以被理解为"情感生成器"(affect generators)(Reckwitz,2017),也可以理解为建立"感觉法则"的结构（Hochschild，1979）。情绪在公共传播过程中可以获得关注，如新闻业、广告业和公共外交。数字传播，因其时间动力学和强度，可以将其理解为"情感流动"（affective flows）（Wetherell，2012；Maddison，Ellis，2018）。

布丽奇特·海夫（Brigitte Hipfl，2018）在《媒介与传播学研究中的情感：潜能与集合》一文中论述了德勒兹-伽塔里的情感理论，为媒介和传播学研究提供了一个具有说服力的情感研究方法。首先，情感可以理解为一种潜能，即外力使身体受到影响，将情感转化为行动；其次，情感作为通过身体间的不断相遇而持续地形成（becoming）过程而存在。通过讨论情感具有的复杂的集合（assemblage）的意涵，为传播学研究提供了一种全新的思路，如利用情感分析媒体如何产生影响、媒体作为集合的中介角色是如何进行传播的。

贝恩德·波塞尔（Bernd Bosel，2018）在《情感处置：情绪的组织与管理的路径谱系》中为数字化领域和人文学科提供了有价值的新颖视角。作者从以情感理论为基础的哲学概念出发，以一种批判和谱系的眼光看待情感技术，比如社交媒体和情感计算。同时，研究了技术是如何探测和引发人类情感的。

加肯·约翰森（Jacon Johanssen，2018）的文章《精神分析学视角下的情感数字劳动》从哈尔特（Hardt）和内格里（Negri）提出的情感工作概念出发，指出了情感的弗洛伊德模式对现有哲学概念的贡献。约翰森将注意力转向社交媒体上情感工作的无意识本能，创新性地将经验性话语和精神层面置于考察之中。

劳拉·苏纳（Laura Suna，2018）以电视真人秀节目为研究对象，为媒介情感研究提供了实证性贡献。作者从文化研究的路径展开，结合情绪的社会化概念，通过对媒体生产者的深度访谈，将电视真人秀作为一种全球化电视营销模式，从而揭示了情感实践作为社会组织化形式的介质归属模式。

阿尔贝托·米卡利（Alberto Micali，2018）将2012年匿名意大利人出现的数据泄露事件作为案例，以哲学情感理论为支撑，讨论了网络世界数字数据泄露问题应该作为情感政治的形式进而被人们理解。

在国内研究方面，纪莉和董薇（2018）对传播学领域中情感何以影响媒介效果的研究进行了梳理与分析。钟智锦等人（2017）通过LIWC软件对2002—2014年的262个新媒体事件分析微博文本中蕴含的情绪，研究发现人们对新媒体事件的记忆与传统媒体的报道呈正相关关系。陈爽，张铮等人（2017）以文本分析工具、人工评价微博等方法探讨了社会事件类微博所包含的情绪对资讯传播的影响，结果发现，二者为正相关关系。曾婉情，李松等人（2018）从观念、行动和结果三方面对社交媒体上的人情运作进行了研究，以求探索符合国情的政治动力机制。

1.2.3 情感与政治传播

在国外研究方面，随着以"情感转向"为基础的社会学理论和文化分析的不断发展，政治传播领域也出现了一些凸显公民情感生活的实证研究。20世纪90年代中期，拉恩和希斯肖恩（Rahn & Hirshorn，1999）基于"公众情绪"概念（Rahn，1996）进行了关于"人们作为国家政治共同体成员的经历所呈现的情感状况"的研究。结果发现，暴露在攻击性广告环境中的孩子会对美国产生愤怒和厌恶的情绪，而这些"公众情绪"的变化会导致人们对政府持有否定的态度。持有同样观点的理查兹（Richards，2004）认为，攻击性广告通过对情绪的散播导致对民主参与行为产生了分裂的影响。

米尔曼（Merelman，1998）提出了"世俗的政治文化"（mundane political culture）的概念，指的是普通人自发地谈论政治的方式。正式的政治文化中，在涉及政治制度的意识形态与价值观念之间，存在着明确的竞争和理想的调解，与此不同的是，在世俗的政治文化中，个人的思想和言论往往是含蓄的、模糊的、象征性的，其中不乏矛盾。这种文化基本上是情绪化的，对话中充满了"怀旧、焦虑、骄傲、希望、遗憾和愤怒"。米尔曼认为这是一种破坏民主的行为，它会使人陷入自我矛盾的立场与混乱的认知中，最终导致政治参与能力的丧失。

马佐莱尼和舒尔茨（Mazzoleni & Schulz, 1999）认为，"选民"这种组合是一种不稳定和情绪化的存在，部分原因是政党的衰落。在许多西方民主国家，政党比其他政治机构更不受信任。这种现象是以深刻的社会变革为基础的，包括受过良好教育的选民和"反复无常"的选民的崛起，这意味着投票决定是以个性化为基础的，因此候选人的个性和情感品质更为重要。两位学者认为，虽然政治的媒介化（如大众传媒对政治辩论的公共领域的创造）会导致政治话语的退化，但这并不等于政治对媒体的完全征服。我们需要一种创造性的政治传播方式，这种方式将重新定义政治，不是反对个人和情感因素，而是与它们重合并展开交流。

以 2004 年美国总统大选为案例的实证研究检验了候选人的情绪在新闻媒体关注和政治选举参与的关系中起到的中介作用，即新闻媒体对候选人的关注程度和候选人的情绪与政治竞选参与均呈正相关关系。电视新闻关注和政治参与之间的关系完全是以候选人的情绪为中介的，而情绪在报纸关注和政治参与的关系中起到部分中介作用，也就是说，电视新闻只是通过对候选人的情绪反应对政治参与产生间接影响（Namkoong, Fung & Scheufele, 2012）。

在国内研究方面，成伯清（2011）认为中国传统仁政的情感逻辑是基于同情的，这种情感逻辑具有内在局限性，而基于理性的情感启蒙，可以重塑公共情感的道义基础和感受规则。隋岩和史飞飞（2013）认为在政治传播中，以熟悉的符号强化信任，形成一种稳定的情感是政治传播的最终目的。史安斌和杨云康（2017）通过对后真相时代政治传播领域的理论与实践分析，认为政治传播学研究应该关注基于"情感化真相"的另类空间，探索情感元素及情感挖掘型的民意调查。

总体来说，政治传播学研究开始以各种方式体现政治情感维度的重要性，从公众心理的情感状态到政治话语的情感化形式，或是对政治行动者的人格特质进行研究，学术界鲜有从视觉符码与情感呈现角度进行研究的。

1.3　研究思路及方法

1.3.1　研究思路

由于建立在象征手段基础上的符号实践，不可避免地体现了修辞学意义上的劝服动机，因此，本书首先把政治传播劝服过程视为一个宏观系统（见图1-1），以此为主要线索，将视觉影像放置其中，以视觉修辞符号系统如何引发情感反应、如何主导认知为研究起点，进而完成对劝服过程的研究。同时，视觉影像的劝服过程并不是孤立地以线性的方式运行，因此本书在第五章及第六章会涉及视觉符号、信息框架之间的相互作用与影响。

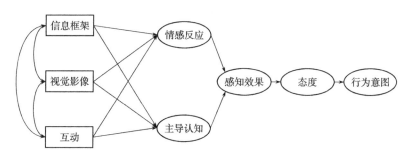

图 1-1　劝服过程的概念化模型

具体来说，本书首先确立所研究文本的范畴：视觉化的媒介文本、空间文本、事件文本。不同的视觉文本与受众之间形成不同的结构，媒介文本强调"观看"结构，在修辞方法上侧重视觉语法的运用，即视觉构成基础上的图像意义系统；空间文本强调"体验"结构，适用于"实物修辞"的分析框架，具体侧重将物质置于空间结构中获得意义语境，以及对文化记忆的塑造；事件文本强调"参与"结构，事件文本具有流动性，从彼时到此时，对它的视觉修辞分析要强调在实践和过程中把握图像事件的发生机制和意义。

上述工作为本书确立了研究的空间边界，也是具体章节分布的线索。在此基础上，引入情感理论展开相关研究。

1.3.2　研究方法

在视觉研究领域一直存在着如尼古拉斯·米尔佐夫所说的状况，即"丰富的视觉经验与我们对其的分析能力之间存在巨大的差距"（米尔佐夫，2006）。米尔佐夫所说的差距指的正是视觉传播研究方法并未呈现多元性，所以，要充分欣赏视觉传播就必须能够掌握某种批判方法用来分析图片。批判性路径对理解视觉文本之所以意义重大，是因为它可以将我们从生理层面的"看"（seeing）的过程转移到从视觉文本中获取意义的"看"（looking）的过程。

有关视觉的后现代研究需要多层次的路径和方法。本书以传播学、图像学、文化社会学、情感社会学、哲学、艺术学、电影研究等学科理论为基础，将政治视觉修辞置于一定的背景之中进行描述性研究，具体研究方法有视觉修辞研究方法、文本分析方法等。研究焦点为政治视觉修辞中的文化记忆、二元符码意义阐释及媒介文本中的情感生成等。

（1）视觉修辞研究方法。

视觉修辞研究方法以解构视觉形态的符号政治为研究旨趣，致力于揭示视觉文本对既有权力结构的强化与颠覆的双重机制。其理论根系可追溯至文艺批评的文本细读传统，经视觉传播学与修辞学理论融合创新，形成独特的跨媒介分析路径。研究实施遵循三重操作逻辑：首先框定视觉研究对象，继而解析特定视觉文本的话语建构模式，最终通过修辞格识别解释符号系统的意识形态编码策略。不同视觉体裁因其模态组合差异，往往形成独特的"修辞—权力"作用拓扑。

（2）文本分析法。

建立三维文本分析体系。媒介文本：涵盖政治广告、竞选视觉标识等制度化传播产物；空间文本：包括博物馆、图书馆等具身化政治剧场；事件文本：解析政治表演、社会运动视觉性等的动态符号实践。基于美国政治传播的视觉富矿特征，研究选取 1960—2016 年选举周期内具范式意义的典型案例，运用话语分析进行三层解码：情感动员策略的神经美学机制、权力话语的视觉转译逻辑及多模态符号的意义协商过程。

（3）修辞批评法。

建构双轴分析维度。互文性修辞轴：追踪视觉文本与历史图像、文化原型间的对话关系；转喻修辞轴：剖析部分代整体的符号置换逻辑，通过双重解码机制，解释视觉文本如何借助文化无意识实现意识形态的自然化。

（4）情感结构的文化动态分析工具。

引入雷蒙·威廉斯（Williams，1977）的"情感结构"理论，建构文化动态分析模型。在新旧媒体范式转换的语境下，重点考察公民参与式文化中的情感政治、视觉抗争的情感动员阈值及数字民粹主义的情感传播链。该工具有效连接微观情感实践与宏观文化变迁，为解析美国后真相时代的视觉政治提供诊断框架。

1.4 相关概念

1.4.1 情感与情绪

对于"情感"和"情绪"的定义，几乎没有任何终极性的回答。可以说有多少种研究取向，就有多少种回答，如克莱尔·赫明（Clare Hemming）所说，"情感具有多种生命"（Hemmings，2015）。

在心理学和神经学领域，情感多由人的社会性产生，情绪多由人的生物性产生。情感是关于情绪的各种状态，也涉及生理的、身体的行为，如脸红（Wetherell，2012）。在社会学理论框架下，情感本质上是社会建构的产物，其形成过程既受到特定文化系统的符号编码影响，也受制于社会组织结构的权力关系网络。这种双重规训机制使个体情感成为社会互动条件下的反应模式。本书将在"情感转向"小节中对情感的多学科意涵作出梳理，此处仅对情感（affect）与情绪（emotion）的区别作论述。

在文化研究领域，情感通常被描述为一种能够击中并捕获我们的东西，能够驱使我们与其他身体发生邂逅（Clough，2010）。"情感"是一种强度（intensity）（Massumi，2002）或动力（dynamic），伴随着身体与他人产生邂逅时产生（Rottger，Rossler & Slaby，2018）。"情绪"则被理解成思想和感觉经社会化作用产生的复合体。目前，主要的西方情感社会学研究成果来自乔纳森·特纳（Jonathan Turner），他将"emotion"作为"情感"来使用。心理学家霍赫希尔德（Hochschild，1983）也认为情感和情绪在大多数情况下可以作为同义词。所以本书使用的"情绪"和"情感"均对应于英文的"affect"。

1.4.2　视觉修辞的文本形态：媒介、空间、事件

为了确定视觉修辞的文本形态，本书回溯了关于视觉修辞研究的文献中曾出现过的研究对象。在《定义视觉修辞》一书中，维多利亚时代的建筑图纸、美国早期的地缘与人口统计图、英国的刺绣图案、希区柯克的电影、野燕麦超市的空间布局、佛罗里达州的宣传网页等都成为视觉研究的对象（Helmers & Hill，2004）。在莱斯特·奥尔森（Lester C. Olson）、卡拉·芬尼根（Cara A. Finnegan）和戴安·霍普（Diane S. Hope）合作编著的《视觉修辞：传播与美国文化读本》（*Visual rhetoric*：*A reader in communication and American culture*，2008）中，林肯总统年轻时期的照片、美国内战档案照片、政治漫画、硫黄岛、民权纪念碑等，都成为视觉修辞研究的文本对象。

媒介文本，以新闻图片、政治漫画、商业与政治广告、摄影作品等为代表。媒介文本强调一种"观看"结构，对此的分析思路是在图像形式与元素构成层面上挖掘其意义系统。

具体来说，政治漫画（political cartoons）是一种象征性的艺术插画，以诙谐或幽默的观点对社会问题、事件或人物发表评论，通常结合讽刺与夸张的手法质疑权威和社会习俗。政治漫画和社会评论漫画（social comment cartoons）均属于社论漫画（editorial cartoons）的范畴。本书所提到的政治漫画是指一种社会评论性或讽刺性的政治视觉表现，通常是单格绘画，包含一个标题及其文本。电视辩论始于 1960 年的美国总统竞选，当时美国全国广播公司（NBC）和哥伦比亚广播公司（CBS）向两党的党内提名人选发出邀请，希望他们参加一系列的联合出场活动，就重大社会与政治问题展开结构性辩论，自此开启了美国总统选举的电视辩论时代，如今电视辩论已成为国家政治舞台上的固定节目。20 世纪 80 年代，30 秒插播广告

（30-second advertisement spot）成为电视广告的主要形式（Kern，1989），这种形式在 1980 年的美国总统大选中被用于塑造候选人的形象。作为一种主要的传播方式，竞选活动中的大部分资金都用于电视政治广告的拍摄。政治广告有很多种形式，如试图提升候选人形象的正面广告、试图劝阻选民不要选某位候选人的负面广告。2002 年，乔治·布什总统签署了《两党竞选改革法案》（*Bipartisan Campaign Reform Act*），法案中要求候选人、政党和利益集团必须对竞选广告的内容负责，候选人必须在广告中以清晰可辨的声音读出声明，同时附上自己的照片，照片要求占垂直屏幕高度的 80%。

空间文本，以纪念碑、博物馆、超市、广场等为代表。空间文本强调一种"体验"结构，将空间文本作为研究对象是视觉修辞研究从"实物修辞"转向的结果。实物存在于空间之中，空间本身就成了修辞分析的对象。例如，在博物馆的空间修辞结构中，物品陈列等视觉设计以及影像制品均具有与之相对应的空间使命，即通过对集体记忆的建构来完成一种认同。

事件文本以公共领域议题为内容的图像事件为代表。事件文本强调一种"参与"结构。图像符号具有独特的视觉构成与情感力量，不同的话语体系都尝试在图像符号上建构自身的意义体系，其结果就是在图像意义上创设了一个"政治得以发生的语境"（DeLuca & Demo，2000）。

本书选取的事件文本以政治模因（meme）为主。模因，指通过模仿而得到传播的文化基本单位。网络政治模因指在互联网平台上包含政治公共议题的数字影像或文本集合，由不同个体分别创建和共享，它们之间具有"内容、形式和立场"上的共同特征。具体表现手法为互联网用户从流行文化或新闻媒体中选取照片，通过排列和重组，添加文本或视觉评论，进而生成新的内容。

第 **2** 章

政治视觉修辞的情感呈现与意义生产

　　政治传播的修辞研究传统上存在文字修辞与视觉修辞的二元分野。新媒体时代的传播生态变革催生了修辞形态的视觉化转向：文字修辞不再局限于抽象概念表达，而是通过字体设计、动态排版等十句话策略实现意义增殖；视觉修辞则突破单纯情感唤起功能，发展出符号隐喻、历史互文等理性论证机制。这种转型实质上解构了传统传播学中"文字—理性"与"图像—感性"的简单对应关系，形成情感动员与意义生产的复合型修辞结构。

　　本章将系统论证政治视觉修辞"情感—意义"融合机制的学理合法性。研究以媒介研究双重范式转型为理论基点：文化转向推动研究焦点从媒介技术本体转向意义生产机制，强调视觉文本作为文化符号系统的阐释价值；情感转向突破理性中心主义的认知框架，确立情感维度在公共话语建构中的本体论地位。通过对情感的理论资源、文化路径的学术史梳理，研究建立跨学科分析框架，为后续实证研究提供方法论支持与理论对话空间。

2.1 视觉修辞的学术发展

2.1.1 视觉修辞的学术起源

视觉修辞作为新兴的修辞实践与方法的学术领域，起步于 20 世纪 60 年代，成熟于 20 世纪 90 年代，在 2000 年以后出现了迅速发展的趋势（Olson，2007）。与基于语言文本分析的传统修辞学不同，视觉修辞将视觉文本作为其修辞对象。玛格丽特·赫尔默斯（Marguerite Helmers）和查理斯·希尔（Charles A. Hill）在《定义视觉修辞》（*Defining Visual Rhetoric*）中指出，视觉修辞探讨的核心问题是"图像如何以修辞的方式作用于观看者"（Helmers & Hill，2004）。但是，视觉修辞研究并非从"出场"便自带理论合法性。在正式被学术领域接纳前，许多学者对视觉文本是否可以被认定为修辞进行过争论，问题主要集中在视觉文本是否可以作为论据（Blair，2004）。所以，传统修辞学科是如何将视觉对象纳入其研究体系的，这是探究视觉修辞学术起源问题的核心。

（1）修辞学的理论突破。

当代修辞理论发源于美国，20 世纪 50 年代的修辞学复兴，激发了修辞学家和批评家的研究热情，他们成果颇丰。修辞理论大体分为四类：价值修辞、意义修辞、戏剧与动机修辞、论证与知晓方式修辞。其中，肯尼斯·伯克（Kenneth Burke）的"动机"概念是对 20 世纪 60 年代兴起的新修辞学（new rhetoric）的主要贡献。以人类动机为基础的修辞体系的动机修辞学（rhetoric of motive）和新修辞学，共同成为视觉修辞理论合法性的后盾。

伯克将人类行为以是否受动机支配为标志分为"行动"（action）和"活动"（motion）两种。"行动"涉及动机层面，是一种有目的的行为；而

"活动"与动机无关。动机的形成、改变与象征手段的使用紧密相关，因此一切涉及象征手段的行为都必然涉及动机问题，都应归于"行动"的范畴。而建立在象征手段基础上的符号实践，都不可避免地体现了修辞学意义上的劝服动机（Burke，1966）。伯克认为修辞学的研究对象应该包括图像符号在内的一切象征实践，并拓展到数学、音乐、雕塑、绘画、舞蹈、建筑风格等符号系统（Burke，1966）。至此，伯克将修辞范围扩展并超越了亚里士多德设定的疆域。

伯克的两部著作《动机语法》与《动机修辞》使当代修辞的社会学倾向得到了最好的体现，他将"新""旧"修辞的主要元素做了连接。概括来说，正是因为新修辞学在理论上重新界定了修辞的本质和对象，视觉修辞在学术领域才找到了理论归宿。

（2）传播学的修辞议题。

冈瑟·克雷斯（Gunther Kress）和特奥·范赖文（Theo Van Leeuwen）将视觉修辞归于传播学分支研究领域的视觉传播，认为这种学科属性可以"为视觉传播提供一个更具理解力的理论"（Kress & Van Leeuven，1996）。所以，考察视觉修辞的学术起源要将大众媒介纳入视野。

20 世纪 60 年代以来，电影、电视、广告等视觉化大众媒介蓬勃发展，后现代文化以繁茂的视觉经验为特征，尼古拉斯·米尔佐夫（Nicholas Mirzoeff）称这个领域为视觉文化，并呼吁把视觉的后现代全球化当作日常生活加以阐释（米尔佐夫，2006）。当修辞学研究对象从语言符号拓展到视觉符号时，视觉文化顺理成章地成为修辞学的"问题语境"。视觉文化将视觉聚焦于一个意义生产和竞争的场域，发展了米切尔所提出的当代文化的"图像转向"（the picture turn）。"图像转向"是芝加哥大学教授米切尔于 20 世纪末继罗蒂（Rorty，1979）的"语言学转向"之后提出的又一修辞学理论。米切尔指出，"尽管图像展示手段一直伴随着我们，但它现在不可避免地以前所未有的力量作用于文化的每一个层面，从最高雅的哲学思辨到最庸俗的大众媒介产物"（Mitchell，1994）。那么，图像等视觉化形态是如何作用于文化的？社会文化结构又是如何影响其叙事语法的？视觉产品是如何被生产的？它们的意义生产机制是什么？这些问题为视觉修辞研究提供了典型的修辞议题。

（3）视觉修辞的理论奠基。

马塞尔·德内西（Marcel Danesi）在《视觉修辞与符号学》（*Visual Rhetoric and Semiotic*）一文中谈及视觉修辞的三大奠基性学术成果分别是（Danesi，2017）：罗兰·巴尔特（Roland Barthes）的经典论文《图像的修辞》（*Rhetoric of the image*）（Barthes，1964/2004）、鲁道夫·阿恩海姆（Rudolf Arnheim）的学术著作《视觉思维》（*Visual thinking*）（Arnheim，1969）、约翰·伯格（John Berge）的学术著作《观看之道》（*Ways of seeing*）（Berger，1972）。

巴尔特在论文中首次将图像的修辞作为学术议题，以广告图像为案例进行分析，在意义理论的指导下，讨论了视觉修辞的符码系统、意义结构、含蓄意指的问题，对视觉修辞研究具有操作方法层面上的指导意义。巴尔特认为视觉修辞研究的核心问题是揭示"意义如何进入形象中？它终结于何处？"（罗兰·巴尔特，1964/2005）。

阿恩海姆的《视觉思维》从心理认知视角确立了视觉修辞的工作基础，视觉认知的思维方式是怎样的、观看的深层次语法是怎样的，这些问题成为阿恩海姆的研究核心。在这里，图像学在本体论维度上走向了视觉形式、视觉语法、视觉结构、视觉效果、视觉哲学等问题，这不仅奠定了视觉修辞研究的理论基础，同时也打开了视觉修辞相关"问题域"的研究起点和学术起源（刘涛，2017a）。

伯格的著作《观看之道》最初是1972年在英国BBC电视台播出的同名电

视系列片。伯格希望以此传递一种全新的视觉意义世界及其观看方式——艺术景观中潜藏着何种政治语言，女性为什么会成为凝视的对象，广告是如何变为资本主义的幻梦的。在伯格看来，观看行为优先于语言行为，不同影像的观看方法不同。在观看的过程中，存在一种关系。在这种关系结构中，影像被赋予了修辞的意义。伯格将艺术理论引入广告文本分析中，拉开了大众传播领域关于视觉研究的帷幕（Barnhurst，Vari，& Rodrfguez，2004）。

2.1.2 视觉修辞的学术脉络

1970 年，在美国修辞学大会上发布了一份报告，名为《修辞学批评推荐与发展的委员会报告》（*Report of the Committee on the Advancement and Refinement of Rhetorical Criticism*），被视为视觉修辞史上的一个里程碑。作为学术共同体的修辞学者和传播学者们在这份报告中达成了共识：将传统修辞学研究对象的范畴进行了扩充，话语、非话语、口头语、非口头语都被纳入研究。这份报告对视觉修辞作为修辞学的一个分支领域提出了权威呼吁，若以此作为视觉修辞学术脉络时间节点的话，此前对非语言符号的修辞研究成果是没有获得学术界的认同的，而此后视觉修辞具有了学术合法性，逐渐成为显性的研究领域。

奥尔森在《视觉修辞的知识与概念：1950 年代起的学术再审视》（*Intellectual and conceptual resources for visual rhetoric：a re-examination of scholarship since* 1950）一文中对视觉修辞研究早期的代表性成果及其演进脉络作了简单梳理（Olson，2007）[3-4]。20 世纪七八十年代视觉修辞研究成果主要集中在以下几个方面：拓展修辞对象外延、媒介的修辞维度、媒介实践与修辞文本、视觉修辞劝服理论等（Tomkins，1963；Bosmajian，1971；Benson，1974；Gronbeck & Medhurst & Benson，1984）。到了 20 世纪 90 年代，视觉修辞的研究范畴从"图像"（iconology）发展到"实物"（material），"实物修辞"开启了空间结构的修辞研究，包括广场、博物馆等静态空间和庆典、仪式等更大的公共空间范畴。这个时期的视觉修辞研究旨趣在于对"特定体裁、特定媒介、特定空间"的修辞，诸如论辩、辞格、修辞手段等修辞元素及观者的"阐释策略"等话题都有所涉及（Olson，2007）[6-8]。

到了 21 世纪，视觉修辞研究领域取得的成果进一步丰富，具体体现在文本形态、理论问题和研究方法三个层面。2003 年，基思·肯尼（Keith Kenny）与琳达·斯科特（Linda M. Scott）合作编著《视觉修辞文献回顾》，这是对已存视觉修辞学术成果进行的第一次综合性爬梳（Finnegan，C. A.，2004）。全书共收录 172 篇文献，在对 172 篇文献进行分析之后，肯尼与斯科特对视觉修辞的研究范式和研究问题进行了归纳总结，研究范式分为"经典式"（classical）、"伯克式"（Burkeian）和"批判式"（critical）三种（Kenny & Scott，2003）[35-48]。研究问题一是"作为符号的图片与电影"，二是观看者"观看与回应的本质"。肯尼与斯科特认为，这两个问题都应该以"经验式"方法进行研究，而非"推断式"的方式（Kenny & Scott，2003）[49]。2004 年，查尔斯·希尔和玛格丽特·赫尔默斯合编了一本收录了 16 篇有关视觉修辞学术文献的论文集《定义视觉修辞》，以不同视觉对象为例阐述了不同的图像形式如何以修辞的表征方式构造"劝服性话语"（persuasive discourse）（Helers & Hill，2004）。

在《定义视觉修辞》这一奠基性成果问世后，视觉修辞研究逐渐形成系统化理论体系，相关学术著作与论文集相继涌现。该领域植根于修辞学传统，其学术合法性在新修辞学范式确立后得以强化，又随着视觉传播技术革新而蓬勃发展，最终作为一门学科领域，真正地登上了学术舞台。

2.2　媒介与传播研究的情感路径

伊利诺伊大学文化研究和传播学教授詹妮弗·达里尔·斯莱克（Jennifer

Daryl Slack）曾说，"我们的生存环境发生了重要变化，这是由结构、实践、材料、感情和话语之间的新型关联模式导致的。这个变化成了传播学研究的关键问题"（Slack，2012）[143]。斯莱安还指出，"必须以理论工具对生存环境的改变作出应对，同时也要以全新的分析视角去回应传播学领域出现的这些变化"（Slack，2012）[143]。情感理论正是斯莱安教授所说的理论工具。

2.2.1 "情感转向"的学术脉络

进入 21 世纪以来，发源于文化研究中的女性主义研究的"情感转向"，不仅为该领域出现的认知"僵局"找到了出口，而且还将其触角从社会学、心理学等领域延伸开，逐渐带动了整个人文社会科学在理论和方法上实现又一次"转向"。"情感转向"建立在文化研究中关于身体理论研究的缺陷之上（Hemmings，2005）。所以，它的出现可以看作将当代社会形构理论化的一次尝试（Clough & Halley，2007；Gregg & Seigworth，2010）。伦敦大学金史密斯学院的艺术理论与实践教授西蒙·奥沙利文（Simon O' Sullivan）认为，符号主义和解构主义方法已成为某种意义上的霸权主义（Sullivan，2001），情感理论正是对符号主义和解构主义发起的一次挑战。

"情感转向"（affective turn）一词由两位美国纽约城市大学的女性研究与社会学教授帕特丽娅·克劳馥和简·哈雷（Patricia Clough & Jean Halley，2007）提出，她们主编的《情感转向》一书收录了女性主义研究领域的 12 篇相关论文，对现存的关于情感的不同概念和研究路径进行了整合。

针对文化研究领域的认知"僵局"，伦敦政治经济学院女性主义研究学者克莱尔·海明斯（Clare Hemmings）将其归纳为三个问题，同时这也是对"情感转向"达成广泛共识的现实基础，具体如下。

第一，对后结构主义模型能够充分解释我们作为个体或群体在这个世界中所处位置的怀疑（Hemmings，2005）。人文社科领域先后出现的"语言学转向"（linguistic turn）、"话语转向"（discursive turn）和"文化转向"（cultural turn），由它们确立起的后结构主义理论将一切非社会建构的事物，如物质和情感等，都排除在研究之外（Baier，Binswanger，Häberlein，Nay & Zimmermann，2014），而这些正是构成我们存在的根本结构（Hemmings，2005）。因此，加拿大社会学家布莱恩·马苏米（Brian Massumi，1996）指出情感的重要性，认为在某种程度上，它是自发的和外部的社会意义。

第二，对定量实证方法和文本分析方法能够充分反映我们希望理解的社会世界的怀疑，即对这两种研究方法作为社会话语分析研究时的主要方法论的能力表示怀疑（Hemmings，2005；Hemmings，2015）[147]。对此，美国性别研究、酷儿理论和批评理论学者伊夫·塞奇威克（Eve Sedgwick）提出一种可以加深我们对所研究领域理解的方法，即优先考察研究对象的"质地"（texture）。这种"质地"是指我们对世界的定性体验，是一种具有改造和超越社会从属关系的具体体验（Sedgwick，2003）[17]。

第三，对权力与反抗、公共与私人的二元论能够充分解释社会和政治进程的怀疑（Hemmings，2005）。在这个背景下，"情感纽带"（affective ties）可以提供一种可供选择的主体形构模式。

由此，我们可以看出，在某种程度上，现存认知领域的局限性可以从情感路径研究中找到一种突破口。那么，情感（affect）究竟为何物？

2.2.2 "情感转向"的理论资源

自从 20 世纪 90 年代情感研究再次转向对身体和物质的关注之后，情感和情绪的研究受到多个学术领域的观照，情感研究在塑造社会关系方面提供了一个全新的视角。

通过对情感理论发展的脉络梳理，本书将情感研究分为两种不同的取向。

（1）情感是个体内部范畴的，是具象的。

该观点由美国心理学家希尔万·汤姆金斯（Silvan Tomkins）提出。汤姆金斯受到查尔斯·达尔文（Charles Darwin）情感哲学的影响，达尔文认为，人的心灵对自身有绝对的控制力量。所以，汤姆金斯反对精神分析学领域将情感看作驱动力服务的观点。他认为，"情感独立于驱动力和社会价值两种约束力"（Hemmings，2005）[559]，是具有自身的复杂性和自我指涉性的。情感可以依附于任何事物（物品、人、观念、关系、活动和其他），同时，这些被依附的载体又是无法被预测的（Hemmings，2005）[559]。汤姆金斯的研究影响在于其"个体不仅仅是被动地应对认知和学习"的观点成为社会决定论的替代选择（Hemmings，2005）[552]。

在汤姆金斯看来，情感是与生俱来的。他提出了9种通用的情感，并将它们归类成积极的（positive）、中立的（neutral）、消极的（negative）情感。积极的情感包括兴趣-兴奋（interest-excitement）、享受-欢乐（enjoy-ment-joy）；中立的情感包括惊奇-惊吓（surprise-startle）；消极的情感包括悲痛-痛苦（distress-anguish）、生气-愤怒（anger-rage）、恐惧-恐怖（fear-terror）、羞耻-耻辱（shame-humiliation）、作呕（disgust）（用于视觉、听觉、触觉等多种感官的厌恶感）和对难闻气味的生物性防御反应（dissmell）（用于嗅觉上的不愉快体验）。在汤姆金斯的复杂人类情感理论中，他的一个基本假设是："情感是人类行为的主要动机，驱动力（drives）和认知（cognitions）都具备动机的力量，但只有当它们被情感放大时，人类才会行动起来。"（Frank & Wilson，2012）[875]

美国心理学家保罗·埃克曼（Paul Ekman）作为汤姆金斯的学生，将情感识别作为研究的重要关注点。他发展了"面部活动编码系统"（Facial Action Coding System），成为"监测微表情"（detecting micro expression）的专家，并将自己的仪器设备卖给美国中央情报局（CIA）和美国联邦调查局

（FBI）（Hipfl，2018）。埃克曼对根据面部表情和肢体语言测谎也特别感兴趣，他曾担任美国福克斯电视台（Fox TV）的热播美剧《别对我说谎》（*Lie to me*）中的测谎专家卡尔·莱特曼（Cal Lightman）博士的角色顾问。埃克曼的研究理论基础除了追随自己的导师汤姆金斯，也受到与导师不同的情感研究取向的影响，即德勒兹对斯宾诺莎情感理论的理解和发展，这就是下文要谈的情感的另一种取向。

（2）情感是一种力量。

这是以 17 世纪荷兰著名哲学家巴鲁赫·斯宾诺莎（Baruch Spinoza）的概念为基础，被法国哲学家吉尔·德勒兹（Gilles Deleuze）、法国心理学家菲利克斯·伽塔里（Felix Guattari）等其他相关学者发展起来的取向，即情感是一种力量。

斯宾诺莎的著作《伦理学》（*Ethica ordine geometrico demonstrate*）第三部分标题即"论情感的起源和性质"。斯宾诺莎反对笛卡尔的情感哲学，他以几何方法来研究人的缺陷和愚昧，用普遍的自然规律和法则来考察仇恨、愤怒、妒忌等一应情感的本性和力量（陆扬，2017）。斯宾诺莎对情感的定义："我把情感理解为身体的感触，这些感触使身体活动的力量增进或减退，顺畅或阻碍，而这些情感或感触的观念同时亦随之增进或减退，顺畅或阻碍。"（斯宾诺莎，2015）[97] 在他看来，身体和思想对同一个实体产生不同的贡献。斯宾诺莎将人类的情感概括为快乐、痛苦、欲望这三种最基本的情感，在此基础上派生出 48 种情绪，如惊异、爱、希望、嫉妒等（斯宾诺莎，2015）[150-162]。斯宾诺莎的情感分类对近年情感理论的心理学建构影响巨大。

德勒兹–伽塔里的情感研究是以斯宾诺莎的理论概念为基础发展起来的，在二者合著的《千高原》（*A thousand plateaus*）的"翻译注解与致谢"中，马苏米（Massumi）是这样阐释从斯宾诺莎到德勒兹–伽塔里的情感理论的：

> 情感/情状（affect/affection）这两个词都不是指个人感觉（德勒兹
> 和伽塔里笔下的 sentiment）。L'affect（斯宾诺莎的 affectus）是施予情感
> 和感受情感的一种能力。它是一种前个人的张力，对应于身体从一种
> 经验状态向另一种状态的过渡，喻示身体行动能力的增强或减弱。
> L'affection（斯宾诺莎的 affectio）被认为是两个身体邂逅的每一种此类
> 状态，其一是施予情感的身体，其二是感受情感的身体，最广泛的意
> 义上说，还包括"精神的"或"观念的"身体（Deleuze, & Guattari,
> 1987）[XVI]。

德勒兹与伽塔里在《千高原》的第 12 章"一位斯宾诺莎主义者的回忆Ⅱ"
一节中，向斯宾诺莎的《伦理学》致敬。二人指出情感就是生成：

> 斯宾诺莎问：身体能做什么？我们管身体的维度叫作情感，它是
> 在某个特定力度，或者毋宁说在这一力度的极限内部得以运作。维度
> 系由某种能力下的广延部分组成。我们会避免根据其器官和功能来界
> 定身体，同理，也会避免根据"种"或"类"的特征来界说它。相反，
> 我们会尝试计算它的情感。这一类研究叫作道德体系学，斯宾诺莎正
> 是在这个意义上，写了一部真正的"伦理学"（Deleuze, & Guattari,
> 1987）[275]。

从哲学的视角解读情感也许是晦涩难懂的，我们不妨从马苏米教授的
《情感的政治》（Politics of affect）一书中寻找一些通俗的表述，帮助我们进
一步理解斯宾诺莎和德勒兹–伽塔里的情感理论。德勒兹认为情感不是"简
单的个人感觉"，也不是"日常感受中的'情绪'"（Massumi, 2015）[3]。斯
宾诺莎认为"情感是一种'影响与被影响'（to affect and be affected）的力
量/能力"（Massumi, 2015）[Ⅸ]，而'影响与被影响'并非两种不同的力量，

它们总是同时出现。因为"当你影响某事物时你敞开了自己，反过来你也被影响了"（Massumi，2015）[4]。所以，情感应该是"一种将不同状况联系在一起的方法"（Massumi，2015）[6]，情感在这里是一种力量，"一种事物作用于其他事物的力量"（Tiessen，2013）[13]。

从这种意义上说，情感不是个体的，它总是具有相关性的。它更像是一种气氛（atmosphere）、一种文化氛围（cultural mood）、一种气场（aura）——一种身处特定情境或时刻的感觉（Hipfl，2018）。情感与认知不是对立的，正如斯宾诺莎所说，身体和思想是同一物质的不同属性，这一观点在神经心理学家安东尼奥·达马西奥（Damasio，1999）的著作中也有体现，他认为理性和情感是交织在一起的。

2.2.3 多学科视野下媒介与情感研究

——哲学。情感作为一种力量和过程（Seiworth & Gregg，2010）。斯宾诺莎、德勒兹和马苏米可以作为哲学领域情感研究的前沿。这个情感视角通常用来研究媒介技术（Coole & Frost，2010），作为当代人类与非人类关系的重要元素，作为新唯物主义的形式（Angerer，2014）。这种方法在哲学和本体论层面上进行技术和数字媒介研究，认为情感具有独立性和不可获得性。

——社会学。20 世纪 70 年代，社会学家开始系统研究情绪，而在此之前，情感在实证研究领域一直被忽视了（Bendelow & Williams，1998；Featherstone，1999），所以社会学家寻求建立一种综合的社会学理论去解释当代社会，情感社会学为此提供了一个重要范式。大多数社会学家主张情感是社会建构的，人们的感受是文化社会化以及参与社会结构所导致的条件化的结果。当文化意识形态、信念、规范与社会结构紧密联系时，它们就界定了什么被体验为情感，以及这些被文化定义的情感应如何表达。但社会建构主义者忽略了情感活动、体验和表达都与身体密切联系在一起（Wentworth & Yardly，1994）。

——文化研究。虽然"情感转向"发源于文化研究领域，但在该领域内并没有关于情感的通用定义。率先提出"情感转向"的克劳馥教授将情感描述为打动（hit）或捕获（capture）我们的事物，它能够将我们与其他身体（body）联系在一起（Clough，2010）。在此框架中，情感被描述为强度（intensity）（Massumi，2002）或者动力（dynamic），这种动力随着身体与他人的关联而产生（Rottger Rossler & Slaby，2018）。

——精神分析学。扎根于电影研究和性别媒介分析，在研究方法与理论上的灵感来源于弗洛伊德和拉康，在电影研究中解释了观众的情感来自无意识的精神（psychosexual）的过程，它在身体层面影响视觉快感（Stadler，2014）。精神分析学领域认为情感是"我们的驱动能量和变化的定性表达"（Giardini，1999）[150]。是什么使驱动力得到满足？是什么把我们与世界联系在一起？该领域对此的回答是：情感。情感可以使一种欲望得到满足（比如，当你饥饿时，有人给你一颗鸡蛋，此刻的兴奋可以使身体为饥饿的满足做好准备），也可以浇灭一种欲望（比如，你吃到的这颗鸡蛋是变质了的，厌恶可能会使身体又变得不满足）。但情感研究的缺陷是，情感旨在驱动方面形成理论化，有部分情感研究的学者反对精神分析学的情感理论，而将情感关系的无意识部分归因于媒介和环境（Angerer，2014）。

——媒介心理学和神经科学。长期以来一直聚焦情感的本质，情感被定义为"对认知与身体之间发生相互作用的刺激"（Lunenborg Maier，2018）。这个视角体现了情感转向的概念更接近生物学观点，是对达尔文和埃克曼的情感研究的一种追随（Seigworth & Gregg，2010）。媒介心理学研究有着对基本情绪的物理可见性理解，与媒介对情感研究的模型类似，如在视觉研究领域考察情感的全球化视觉语言（Angel & Gibbs，2006）。这个路径在生物学和社会文化层面展开对情感和媒介的研究。

——批判研究。批判研究的视角是基于社会和文化角度理解情感与情绪的文化媒介的（Lunenborg，Maier，2018）。当下关于情感研究的争论源自雷蒙·威廉斯（Raymond Williams）"情感结构"的概念（structures of feel-ings）（Williams，1977）。这个概念描述了作为结构制约的制度秩序与作为生活实践的社会文化互动模式之间的关系。有研究以此对媒介的特定现象作了分析，如对被看作"亲密的技术"（technology of intimacy）的电视真人秀节目进行研究（Kavka，2008）。这类研究关注对情感的理解，关注媒体文本和媒体生产之间的关系。

——社会关系研究。社会关系研究关注当代社会中发生的具有情境约束和关系情感的事件（Lunenborg，Maier，2018）。社会关系研究机构以德国柏林自由大学的"情感社会"跨学科合作研究中心为代表，这个机构提出了一个关于社会、技术、文化和情感干预的全新视角（Blackman，2018），为学者们提供了在当代媒介文化模式中关注情感关系特征的框架。

总的来说，情感研究方法大致上超越了文化与自然、认知与情感、内在与外在、心理与社会的二分法（见表2-1）。

表2-1　不同学科对情感的定义及媒介研究焦点

学科	情感的定义	研究焦点
哲学	一种力量、一个过程	媒介技术、感觉联盟
社会学	一种社会建构	拟剧和文化、仪式、符号互动
文化研究	强度	情感与身心的交互过程
精神分析学	驱动力、对于变化的表达	电影研究与性别研究
媒介心理学与神经科学	（生物学上的）刺激力	表情研究、表情视觉语言
批判研究（文化角度）	感觉结构	情感、媒介文本和媒介生产之间的关系
社会关系研究	情境约束	社会、技术、文化和情感干预

2.3　媒介与传播研究的文化路径

一直以来，新闻的运作形式，如表演、叙事等，是如何建构意义体系、象征符码、集体记忆的议题，是文化路径研究学者关注的重点。在政治传播过程中，这张"意义之网"是由新闻生产者和民众共同编织的。视觉传播手段有其独特的意义生产机制，如何考察这个意义生产机制，需要追溯到媒介传播研究的文化研究路径，以便更好地把握意义分析框架。

2.3.1　文化转向：符号、仪式与文化的意义

"文化转向"源自 20 世纪 70 年代在西方史学界掀起的"新文化史"研究热潮。新文化史从符号学、象征人类学、文化研究等领域吸收了相关的理论预设、核心概念与方法路径。新文化史接受并沿袭阿尔都塞（Louis Althusser）、布迪厄（Pierre Bourdieu）等人的"新马克思主义"观点，在延续新社会史对"社会生活"关注的同时又超越了新社会史过于偏向唯物主义的倾向。

新文化史注重探究符号、仪式、文化的意义，寻求对"存在"（being）而不是"成为"（becoming）的理解，提供的不是因果关系，而是具体语境下人类行为的状态。新文化史研究"所注重的是生活于此时此地特殊环境之中的人群所特有的生活方式和态度，将研究聚焦于下层百姓的日常生活及其意义世界，用叙事史学的方式展开深描，将读者带入一个个不同的微观世界"（姜进，2011）[3]。人类学家克利福德·格尔茨（Clifford Geertz）是这样定义文化："文化是一种通过符号在历史上代代相传的意义模式，它将传承的观念内嵌于象征形式之中，通过文化的符号体系，人与人可以相互沟通、绵延传续，

并发展出对人生的知识及对生命的态度"（Geertz，2017）[95]。

新文化史之后，西方社会学研究于 20 世纪 80 年代末开启了文化转向，并于 20 世纪 90 年代形成潮流。社会学的"文化转向"除了受到学术界"文化转向"趋势的推动之外，还源于社会学者们对社会学鼻祖之一爱弥尔·涂尔干（Emile Durkheim）关于意识、信仰体系、仪式、象征、团结的晚期思想所进行的再挖掘（Alexander，1988）。1982 年，杰弗里·亚历山大（Jeffrey Alexander）在《社会学的理论逻辑（第二卷）》中展示了涂尔干晚期作品中对宗教生活的新取态的转向（即文化转向），亚历山大指出涂尔干对社会科学的理论遗产可以从根本上被重视。

总体来说，社会科学的"文化转向"可以归为两大类别：文化作为对象（culture as objects）和文化作为路径（culture as approach）。前者将文化作为一种研究对象，是一种研究范围、内容的扩展；后者则是一种研究视角的转换，从政治经济学、组织分析、结构分析转向话语、仪式、象征元素的分析，所关注的就是意义在社会生活中的角色。

2.3.2 文化阐释：媒介运作与意义建构

20 世纪 60 年代的美国知识界，对实证主义和行为主义社会科学主流的反抗主要受马克思主义思想和阐释主义的影响。一派学者走向了马克思主义的传播政治经济学研究，另一派学者则走向了由格尔茨引领的解释主义（interpretivism）路径研究。

1973 年，格尔茨的《文化的阐释》一书出版，詹姆斯·凯瑞（James Carey）在解释主义路径研究的影响下，提出"作为文化的传播"理念，这种文化路径将格尔茨的人类学范式移植到传播学研究当中（Pooley，2007）[77]。但此时，传播学的文化路径研究在传播学中的影响是有限的。凯瑞的"传播学的文化路径"主张对媒介研究的重要影响在于他提醒应将新闻当作一种文化形式，也就是视为一种意义制造的实践，那么，媒介的历史就不仅是制度或技术、经济安排的历史，而是更为丰富与多元（Carey，1997）[331]。1988 年，凯瑞编辑出版了《媒体、神话与叙事：电视与新闻》（*Media，Myths，and Narratives：Television and the Press*）一书，提出"要严肃地对待文化"，书中囊括了媒介社会学者、文化人类学者等从文化视角提出的关于电视的文化意义、媒介仪式、媒介的文化边界、记者的新闻权威等议题（Carey，1988）。

媒介社会学家迈克尔·舒德森（Michael Schudson）将社会科学领域关于新闻媒介的研究概括为四种路径，即社会组织路径、文化路径或人类学路径、新闻生产的政治语境研究和新闻生产的经济组织路径（统称政治经济学路径）（Schudson，1989；Schudson，2005）[172-197]。舒德森认为文化路径的分析受到人类学家马歇尔·萨林斯（Marshall Sahlins）的影响，提出记者、新闻机构及其互动关联方处于一个既定的象征体系内，而新闻正是他们在这一象征体系内互动的结果（Schudson，1989）。文化视角的分析应聚焦新闻和媒介生产中作为文化价值的"事实"与作为表征系统的"符号"之间的关系，以及它们对媒介运作和意义建构过程的制约。舒德森认为这一范式的关键点包括媒介生产内容的形式要素和内在结构，普遍的文化表征体系与媒介生产所处的特定的社会组织结构之间的关系，以及媒体从业者的观念和价值判断的文化根源（Schudson，2001）[260-262]。

舒德森所说的形式要素可以追溯到他在 1989 年发表的一篇论文，他认为媒体产品或广泛意义上的文化产品需要满足以下要素：可索引性（retrievability）、修辞力量（rhetorical force）、共鸣（resonance）、制度存续能力（institution retention）和鼓励决心（resolution）（Schudson，1989）。文化产品的形式要素在媒体生产、媒体与公众互动中产生影响，所以报道框架并非都依赖于组织常规的社会建构，而是诉诸读者间的文化共鸣。

文化路径在媒介社会学研究中的正式出场，是由芭比·泽利泽（Barbie

Zelizer）拉开的帷幕，她将媒介的文化分析（cultural analysis）定义为"通过文化的棱镜来策略性地、明确地审视媒介的连接基础（articulated foundations）和新闻实践，而在其他学科视野下，它们会被视为理所应当"（Zelizer，2005）。泽利泽之所以使用文化分析一词，某种程度上是为了区别于文化研究（cultural studies）。泽利泽指出，以文化视角进行媒介研究是源于多学科理论的支撑与推进，其中包括文化社会学、哲学的建构主义、人类学和民俗学的符号转向、语言学中的民族志转向、文化史、美国实用主义、涂尔干理论中的象征团结、文化批评及英美文化研究，等等（Zelizer，2004a）。

泽利泽基于博士论文修改的《报道总统之死：肯尼迪被刺案，传媒与集体记忆的塑造》以一种文化视角讨论了美国新闻界对集体记忆的建构。泽利泽不仅关注新闻生产的结构限制、组织常规、信源关系，而且考察了新闻记者是如何通过对历史事件的再阐释和集体记忆的塑造来建立其文化权威的。另外，泽利泽认为，与其从效果来审视媒介，不如从新闻如何运作的种种形式，如表演、叙事、仪式、阐释社群等来切入（Zelizer，2004a）[8]。泽利泽的研究拓宽了新闻社会学的视野，她提出的"记者作为阐释社群"、新闻（文化）权威等概念，均产生了持续的影响。

丹尼尔·伯克维茨（Daniel Berkowitz）于1997年和2010年分别主编了《新闻的社会意义》（*Social Meaning of News：A Text-Reader*）、《新闻的文化意义》（*Cultural Meaning of News：A Text-Reader*），两本书从考察新闻的社会建构转向新闻的文化建构，即从关注过程到关注意义。伯克维茨指出，媒介研究在数十年来经历了三种视角，即从新闻的选择视角转向社会学组织视角，再转向媒介的文化维度（cultural perspective）。文化路径的媒介研究可以概括为"新闻的社会文化建构"，关注的是意义的生产（Berkowitz，2011）[302-313]，重点是探讨新闻生产中记者如何整合共享的意义，即如何通过关于媒介的神话叙事、集体记忆和表意符号去建构媒介的意义（Berkowitz & Liu，2014）[302-313]。

在泽利泽和伯克维茨的影响下，以马特·卡尔森（Matt Carlson）、瑟斯·刘易斯（Seth Lewis）等为代表的新生代学者对媒介边界（boundaries of journalism）、新闻权威（journalistic authority）的研究（Carlson，Lewis，2015），构成了媒介的文化分析新起点。

2.3.3　强文化范式与文化传播：媒介、文化与公共领域

回溯媒介研究的文化路径，不可忽视文化社会学（cultural sociology）与文化的社会学（sociology of cultural）两个领域的媒介研究成果。

20 世纪 90 年代开始，以文化路径进行媒介研究的学术领域除了新闻学和传播学之外，还有来自文化社会学的关注，代表人物有文化社会学者杰弗里·亚历山大（Jeffery Alexander）、罗纳多·雅各布斯（Ronald Jacobs）。他们从媒介、文化与公共领域的关联出发，剖析媒介的文化结构与二元符码，认为这些因素框定了记者和市民社会对媒介的理解与阐释（Alexander，& Smith，1993；Jacobs，1996；Alexander，2006）。

雅各布斯认为，文化路径的媒体研究应当追寻芝加哥社会学尤其是罗伯特·帕克（Robert Park）的研究方法，如关注新闻的文学形式与小说的文化结构之间的互动与互文性，关注媒介与时代的文化需求的互相呼应。

亚历山大的文化社会学理念取道于格尔茨将社会看作活生生的文本的思想，认为社会像文本一样包含自身的解释（周怡，2008），并以此提出强范式（strong program）的文化社会学，强调文化作为自变量以内在的方式塑造了世界的文本，具有自主性而非依赖于社会结构，认为人的行为都在某种程度上被包含在情感和意义之中，而非完全按照工具理性行动（周宪，2015）。具体到文化社会学路径的媒介研究，亚历山大认为，新闻是对现实的阐释，而不仅仅是信息的传递。它不应仅仅是为了告知，更应该是对事

实的阐释（Alexander，2015）[9-31]。因此，研究者应该关注媒体、文化和公共领域之间的关系，从交往性（communicative）和表意性（expressive）的角度，而非工具性或意识形态的角度审视媒体，关注记者如何以新闻话语阐释媒介，包括媒介在民主生活中的使命、新闻组织和记者的责任，以及主流新闻理念可能存在的阐释缺陷（Alexander，2016；Breese，2012；Luengo，2016）。

与文化社会学不同，文化的社会学是由雷蒙·威廉斯（Raymond Williams）建构的理论范式。威廉斯反对文化主义传统中以利维斯为代表的精英主义文学批评观念，以及机械唯物主义的经济决定论。某种程度上可以说，威廉斯用马克思主义改造了英国文化主义传统，从而创造出了新的思想观念和知识模式，即文化唯物主义和文化的社会学。

威廉斯的文化的社会学在理论范式上吸收和借鉴了韦伯和齐美尔开创的现代性社会学传统，所以其思想内核是现代主义精神。威廉斯追求的是文化现代性的革命，强调文化在现代社会变革中的重要作用。在《文化的社会学》（The sociology of culture）一书中，威廉斯运用符号学方法，将文化界定为"一种实现的表意系统"（as a realized signifying system）（Williams，1995）[207]，主张文化内置于一切社会活动之中，是对其在《漫长的革命》（The Long Revolution）一书中将文化定义为整个生活方式的进一步强调和深化。

传统的社会学将文化视为精神性产品，与物质产品相对立，甚至将文化置于次要的、从属的地位。因此，在威廉斯看来，需要一种新的文化社会学来挑战传统社会学中那种将传播、语言和艺术视为微不足道或次要的、脱离社会过程的传统社会学观念（Williams，1995）[10]。这就是威廉斯所要重构的文化社会学理论的基本立场和出发点。

在威廉斯的学术思想中，文化传播问题始终是他关注的一个焦点，他从文化传播观念、文化传播体制和文化传播技术三个维度对文化传播理论进行了论述。威廉斯在文化的社会学视域下将媒介的传播活动视为一种生产行为，将传播媒介作为文化生产的一种手段。在威廉斯看来，正是通过传播系统，人类自身和社会的事实才得以形构并得到解释（Williams，1989)[23]。詹姆斯·凯瑞继承了威廉斯的"我们所称的社会不只是一个政治和经济事务的网络系统，而且还是一个知识和传播的过程"（Williams，1962)[19] 的思想，提出"我们所有的经验都塑造了我们的思想和生活。如果把社会当作一种传播形式加以考察，那么就可以把它看作一个从中创造、分享、修正、保存现实的过程。"（詹姆斯·凯瑞，2005)[20-21]

在文化传播研究的内容方面，威廉斯曾批判了大众传播研究的局限性，认为其忽视了"所有公共话语领域"。在威廉斯看来，"研究传播就是为了考察各种有意义的符号形态被创造、理解和使用这一实实在在的社会过程……我们通过对各种符号系统的建构来创造、表达、传递关于现实的知识及对现实的态度：艺术、科学、新闻、宗教乃至神话"（詹姆斯·凯瑞，2005)[18]。威廉斯强调的是文化传播过程及其相关体制、形式和意义符号的整体性研究。

2.4 政治传播修辞的情感呈现与意义生产

2.4.1 情感与意义研究的必要性

社会与文化的剧烈变化，不仅对社会的民主进程产生影响，同时也改变了媒介传播行为所处的社会环境，还间接对政治传播的目的与内容产生影响。新闻传播学研究经历的"情感转向"正是对学术界以外世界的变化的反映，所以应该寻求建立一种与之相适应的研究路径去解释当代社会，而传统的社会科学领域关于情感的研究一直被忽视。当下"情感化"（emotionalization）成为一种文化趋势，这种趋势已经改变了政治传播的语境（Hemmings，2005）。

近年来，新闻传播学界开始关注媒介是如何生产情感和情绪的，区别于其他社会科学中情感理论的多样化传统，我们需要更深刻地分析在当代媒介和社会中作为驱动力量（driving forces）的情感。德勒兹-伽塔里将情感作为一种力量，这种认知更有助于我们理解媒介传播的当代进程。德勒兹-伽塔里将媒体看作由情感和认知组成的"感觉联盟"（blocs of sensations）（Colebrook，2002）[148]。媒介并不在观点中生产情感和认知，情感和认知是根植于感知主体的。这也正是雷蒙·威廉斯（Williams，1978）的"情感结构"（structures of feeling）概念的内涵。"情感结构"是一种通过艺术和媒体展现的集体感觉，它不是私人化或者异质化的。例如，威廉斯在《漫长的革命》一书中讨论了存在于中产阶级的一种集体感觉，即"不稳定和债务"。这种集体情绪超越了当时的虔诚、节俭和节制的时代理想和价值观。

本书对视觉传播研究的切入视角是追随德勒兹-伽塔里和威廉斯的观点而来的。我们不仅要分析媒体呈现的问题，还要分析威廉斯所说结构中的"刺激、约束和语气的元素"（Williams，1978）[132]，这些均是揭示媒体表达某种集体感觉的有利方面。

不过，这种研究路径具有"脱离文本阅读情感"的潜在危险（Grossberg，2016）[1004]。美国文化研究学者劳伦斯·格罗斯·伯格（Lawrence Grossberg）认为从"情感结构"研究路径开始，就有一种相对于文本分析更重视情境化工具的倾向（Grossberg，2016）[1026]。为了避免格罗斯·伯格警示的这种潜在危险，本书将情感限定在事实、符号、仪式、运动等具体研究问题中，通过文本分析展现情感通过媒介对社会意义进行重构的能力。

2.4.2　政治视觉修辞的情感诉求

传统的亚里士多德修辞分析认为，政客常用的手段就是"情感诉求"。例如，商业广告和政治广告惯用的技巧就是通过强调"恐惧感"来吸引观众，进而引起共鸣。凯德和乔纳森（Kaid & Johnson，2001）在关于美国总统竞选的电视广告的研究中发现，情感诉求往往比逻辑或伦理诉求更具优势。以竞选广告为例，情感诉求一般指利用特定的形象来营造动人心弦的效果，如童年的纯真、人性的脆弱、民族的骄傲、稳固的领导力（Richards，2004）。

政治视觉修辞的情感属性具有以下特征：第一，情感是人类的内在功能，具有连续性维度，它无法选择也并非偶发的反应，它出现于重要的或者明确的时刻。例如，当选民被政治人物的演讲或政治广告中某个场景的段落打动时，选民会产生情感，出现情绪化的反应。第二，政治传播中的情感具有复杂性，并且是多层次的。例如，选民对于候选人的情绪是摇摆的、矛盾的。第三，情感是一种表达或宣泄，而且是具有反射性的。第四，情感是政治认同的基础。

如今，政治传播以围绕政治人物个体而建构的情感叙事的方式被民众所体验（Kline，1997），这种情感内核对选民具有"治疗性"作用。所谓"治疗性"，可以追溯到 20 世纪初期精神分析学对情感生活的探索，以此产生了当代文化特有的治疗性特质。在治疗性文化中，存在着一种对他人感知具有强烈敏感性的情感政治（Zeldin，1994），如 19 世纪中期美国出现的喧嚣放纵的情感政治传播实践模式（Schudson，2001）。

对于政治传播的情感特质，有学者认为，这涉及政治承诺的根源，涉及我们对政策和政治人物的情感反应，涉及在政治舞台上戏剧化的情感需求。对这些问题的讨论不可避免地引发有关"情感化"政治是否蛊惑人心的讨论。在美国自由民主常识中，蛊惑人心有时等同于政治中的情绪。所以，本书在研究之前，需要说明一个问题：煽动者对情感的利用、操纵与情感的表达、管理之间是有天壤之别的，后者是当代领导者的潜在角色。本书论述的范畴不包括美国政治学视域下的民主与蛊惑人心的议题，而是从新闻传播学视角对视觉修辞形式的情感呈现与意义生产进行研究。

2.5 本章小结

视觉修辞具有自身的发展脉络，它起源于修辞学传统，合法于新修辞学，兴起于视觉传播的发展，在视觉传播的发展中才真正作为一个学科领域登上学术舞台。在研究对象上，视觉修辞主要集中于对视觉化的媒介文本、视觉化的空间文本与视觉化的事件文本的研究，且各类研究所关注的结构也不同。政治视觉修辞弥合了传统的"感性 vs 理性"对立二元论，将感性的情感呈现与理性的意义生产相融合。

社会变化削弱了生活中不同领域之间的界限，这不仅对社会的民主进程产生影响，同时也改变了媒介传播行为所处的社会环境，间接地对政治传播的目的与内容产生影响。政治与流行文化交织在一起，意味着我们开始从政治中寻求某种情感化（emotionalization）的经验。这种"情感化"的文化趋势，改变了政治传播的语境（Richards，2004）。情感，是把人们联系在一起的"黏合剂"，可生成对广义的社会与文化结构的承诺。从本质上来讲，情感不仅使社会结构和文化符号系统成为可能，而且也能够导致人与人彼此疏离，动员人们打破社会结构，挑战社会文化传统（特纳，斯戴兹，2007）[1]。

政治传播研究领域应以各种方式考察政治的情感维度的重要性，如公众心理的情感状态研究，政治话语的情感化形式，政治行动者的人格特质，等等，但对政治传播中的视觉传播研究却鲜少从情感路径方面进行研究。关注意义体系，是较早时期新闻社会学经历"文化转向"之后的研究成果。象征符号是意义的载体，所以对视觉修辞的符码系统进行意义体系研究是一种遵循新闻业传统的做法。

第 **3** 章

统治与劝服：媒介文本的表征意义

多丽丝·格雷伯（Doris Graber）认为电视的出现"将非语言符号的重要性恢复到了人类历史上尚未出现文字之前的初始状态"（Graber, 1981）[212]。视觉符号以其无处不在的渗透方式将世界图像化，政治传播领域也不例外。随着报纸和杂志发行量的缩减，越来越多的选民依靠电视和网络获取政治信息，当新媒体成为传播政治信息的主要途径后，视觉符号的传播变得更为重要了。如今的政治传播以视觉为基础，影像居于首位，而语言和文本则屈居第二位（Grabe & Bucy, 2009）。

媒介文本强调一种"观看"结构，视觉图像的意义应该置于一定的"观看"结构中探讨。照片展示的是"将经验本身转变为一种观看方式"（桑塔格, 1977/1999）[33]。观看中，存在一种视觉语法。通过对视觉语法、视觉结构等问题的分析，能够回答视觉修辞研究中关于图像意义的问题。视觉符号的意义系统类型之一是认知呈现的表征意义（representation）（Halliday, 1978）[183]，主要反映图像文本中各元素结构和叙事功能。本章主要研究图像意义和表征意义。

3.1 政治语境中的视觉论据与语法

3.1.1 图像以符号系统传递政治劝服论据

视觉修辞如同传播的所有模式一样，是一个符号系统（Foss，2005）。视觉符号以不同的修辞方式，向观众传递说服性论据。但视觉符号的这个功能不是独立存在的，它需要经过受众的解码，即受众利用自身掌握的知识，与语言、文本和视觉论据相结合进行解读。在政治视觉修辞研究中，挖掘视觉符号所承载的社会象征意义是极其重要的工作。因为政治家、竞选者，乃至任期内的总统最常用的政治传播手段就是依赖标志性的社会符号来传递情感力量。

——国旗。美国国旗在竞选活动和政治广告中无处不在（Schill，2009），候选人站在国旗前的画面可以使观众将候选人与爱国情怀联系起来（Richards，2004）。这正是国旗所赋予的爱国的、历史的和神话的象征意义。候选人不遗余力地与美国国旗合影，例如，2016年10月20日，美国总统特朗普在竞选总统时在俄亥俄州特拉华县的露天会场与选民见面，会场的布置就是以整面美国国旗为背景的；乔治·布什甚至在一家国旗工厂举办了一场媒体活动。

——军队与军人。政治家们与军队或军事装备合影的照片也随处可见，尤其是在战时。政治家们通常会穿上军装去看望受伤的军人，或参观武器生产设备。这些图片能够促使观众将政治领袖、权力及对国防的承诺联系在一起，如特朗普于2018年2月7日在华盛顿参加大阅兵，在活动结束之后大量的照片被上传至白宫官方的Flickr账号。

——人群。政治候选人对"人群"（crowds）的使用也成为贯穿其政治生涯的象征手段。"人群"是媒介事件的核心，用以"证明"候选人是受欢迎的，被广泛支持的，在竞选中是有实力的。候选人与欢呼的支持者、挤满人群的演讲大厅和索要签名的民众，这些画面都是视觉维度的社会证明，证明受欢迎的人肯定是优秀的人。

——神话或象征性人物。候选人常常突出他们与所在政党的神话级领袖在一起的场景，这类图片暗示了一种隐含的认可。在比尔·克林顿（Bill Clinton）1992 年竞选时名为"来自希望的人"（A Man from Hope）的系列广告中，出现了克林顿与肯尼迪握手的画面，肯尼迪是众多美国人心目中的神话级人物，克林顿以此来挖掘观众与肯尼迪相关联的情感。同样，将竞争对手的照片与具有负面评价的人物放在一起，以此激发观众负面联想的手段也很常见。2008 年，奥巴马的竞选广告中，出现了麦凯恩与正在舆论风口浪尖上的小布什总统相拥在一起的照片。

——体育场。体育场是政治候选人喜爱的象征场所之一，这也是源于美国人对体育运动的喜爱。政治候选人参加或观看体育活动，尤其对美国人来说是特别重要的体育活动，他们挥舞着棒球棒、在橄榄球场上奔跑和打猎的图像经常被用在竞选广告和媒体活动中。政治家们经常出席观看体育赛事并参与到游戏仪式（game rituals）当中，如棒球比赛的开球仪式。美国传统中，超级碗❶（Super Bowl）比赛前要转播一段总统的祝贺视频。1984 年，里根成为第一位参加全美赛车协会比赛的在任总统，空军一号在比赛当天降落在代顿高速公路后面。2001 年 10 月 30 日，乔治·布什在9·11 恐怖袭击后的第一场棒球比赛中，在洋基球场（Yankee Stadium）上开球，这段视频出现在了 2004 年共和党全国代表大会候选人纪录片中，这正是利用了选民与棒球和纽约洋基队（New York Yankees）相关联的情感。

另外，美国总统也经常选择在拉什莫尔山、自由女神像、独立日游行、国家公园、空军一号或烈士墓碑等场所发表演讲。白宫、国会大厦、最高

---

❶　超级碗(Super Bowl)：美国职业橄榄球大联盟的年度冠军赛。

法院和国家广场等场所经常作为背景出现。物品、人物、场景这些符号组合在一起系统性地为传递视觉论据服务。除此之外，候选人的竞选宣传中还常出现他们与农民见面、陪家人散步及在办公室工作的画面，以此传达候选人敬业、富有责任心的形象。例如，白宫摄影师最擅长拍摄总统的工作照。美国前总统奥巴马的首席摄影师皮特·苏扎（Pete Souza）为奥巴马拍摄的最常出现的场景便是白宫的椭圆形办公室。在椭圆形办公室的墙上挂着乔治·华盛顿和亚伯拉罕·林肯的画像，画像中间的桌子上摆着马丁·路德·金的半身雕像。当观众把奥巴马与三位领袖联系在一起时，就能体会到奥巴马正代表着为自由而战的典型形象（殷强，袁雪，2018）。

视觉符号传递劝服性论据的功能并非独立存在，对视觉符号的解读依赖于观众自身偏爱的解码系统。例如，在白宫椭圆形办公室不同季节拍摄的大多数照片中，在两张沙发之间的桌子上都有一碗苹果。苹果对于不同的人可以象征不同的事物，因为象征的本质是可以根据一个人的价值观和经验的不同而产生不同的意义或联想（Hall，1980）。苹果是美国最常见的水果，如"地道的美国味"（as American as apple pie）。苹果还代表着健康，如"一天一苹果，医生远离我"（an apple a day keeps the doctor away）。但同时，苹果也与善恶相关联，伊甸园苹果树上的苹果是恶的象征，是不能吃的。所以，对苹果的解读应该更具有开放性。积极的观众可能从积极的一面来看待苹果，因为他们建立了自己与这种视觉关系的积极联系。苹果是为客人准备的，代表一种健康的饮食。相反，那些反对奥巴马的人可能把苹果看作与罪恶相关的诱惑。

3.1.2　视觉语法表征命题的开放性

视觉符号所提出的论据对政治讨论具有巨大的影响力。无论图像具备何种属性，创作者与观看者的意义建构始终占据核心地位——这种双向互动性从根本上决定了图像的阐释路径。因为大多数图像都是推理论证，所以当其缺乏明确的证据和结论时，论证就更加难以验证和证实。换句话说，需要观看者自主解码的图片所传达的意义是否会被误解？有没有一些意义是图片无法传达的？

在视觉传播领域，对这一问题最早的详细论述出现在视觉媒介理论家索尔·沃斯（Sol Worth）的一篇文章中，这篇文章的标题简明扼要地表达了沃斯的结论："图片无法说不（Pictures can't say ain't）（Worth，1981）。沃斯作了一个基本的区分：语言是命题的（propositional），图像是表象的（presentation）。语言有一套关于现实的语法，而图像没有这样的语法，它仅仅是一种非屈折（uninflected）❶ 的表现（Messaris，2009）。因此，一幅画可以是一种虚假的表现，但它没有任何方法来证明这种虚假。

视觉传播本就不是由某些固有不变的本质决定的，视觉媒介用户不断变化的解码惯例在双向传播渠道下变得更为重要。图片没有一个明确的、标准化的语言否定语法。所以，视觉语法缺乏明确的命题语法（propositional syntax）非但不是一种局限，反而可能是图像作为说服手段时的一个显著优势。

正是因为视觉语法（visual syntax）没有命题属性，视觉传播才具有语言所不具备的可否认性，开放性的表象才没有削弱信息的多样性。例如，2008 年共和党候选人约翰·麦凯恩发布的一条关于奥巴马的负面广告就存在这种逻辑。在视频中，奥巴马的肖像与美国名媛帕丽斯·希尔顿（Paris Hilton）、歌手布兰妮·斯皮尔斯（Britney Spears）的肖像并列在一起。广告的旁白是："奥巴马只是一个明星，他还没有准备好领导这个国家。"麦凯恩并非在暗示奥巴马具有与希尔顿和布兰妮一样的明星身份，而是希望观

---

❶　非屈折：取自屈折语（inflected language）的语法结构特点。屈折语是语言分类中的一种语言形式，英语即是一种屈折语。主要特点：具有丰富的词形变化、词性变化后可以表示不同的语法意思，等等。

众将奥巴马与二者在美国民众心目中一些不讨喜的品质联系在一起。

3.1.3 视觉政治主张的模糊性与偏见

视觉符号往往加剧论据的模糊性（ambiguity），尤其在处理争议性政治议题或敏感公共事务时，其隐喻结构与留白设计易诱发差异化解码。图像能够以不发声的形式"说"一些事情。正如前面所讨论的，视觉论据通常是通过联想而显现的，视觉主张（visual claims）也不像其他符号那样受到严格的标准约束。正是因为这些原因，视觉攻击（visual attacks）在负面广告中很常见，图像可以以"含蓄意指"的方式完成攻击目的。例如，1964年的竞选广告《雏菊女孩》（*The Daisy Girl*），将一个正在数花瓣的小女孩与一个核武器倒计时装置并置在一起。广告暗示：投票给巴里·戈德华特（Barry Goldwater）将意味着投票给核战争。这便是图像以一种难以挑战的、强有力的方式作出的独特结论。图像这种潜在的模糊性是一种优势，也是一种劣势，这依赖于创作者的意图。正如布莱尔（Blair）所说，如果暗示是目的，这是一种优势；如果需要清晰（clarity）或精确（precision），这是一种劣势。

视觉文本的多义性特征为新闻生产的价值判断预留了操作空间，这导致记者在报道政治候选人时难以规避主观立场的隐性渗透。实证研究表明，当候选人的党派倾向与媒体机构的意识形态立场趋同时，其视觉往往呈现系统性偏好，通过镜头语言聚焦、图像编辑策略及视觉框架选择等机制，建构出更具亲和力与权威性的视觉形象（Barrett & Barrington，2005）。对《时代》周刊（*Time*）、《新闻周刊》（*Newsweek*）和《美国新闻与世界报道》（*U. S News & World Report*）在1988年总统竞选期间的分析发现，报纸根据候选人的照片数量、拍摄角度、位置和穿着对候选人的照片进行处理。《纽约时报》（*New York Times*）头版刊登的照片中，非美国本土的政治问题相比美国本土的政治问题被描述得更为暴力和消极。例如，有研究曾对四家报纸有关麦卡锡问责听证会❶的摄影报道进行内容分析后发现，只有一家报纸的照片总体上是中立的，而另外三家报纸对麦卡锡的形象刻画却是积极的。

3.1.4　视觉记录对政治行为的证明与反驳

视觉符号可以记录和验证一个事件的出现。通过这种方式，图像可以作为争议性主张的证据或证明。观众使用符号推理来接受图像和图像暗示之间的关联性。两个镜头在更广泛的叙事背景下结合在一起，被观众"解读"为连贯的空间流、时间流和动作流的一部分，即使这些镜头实际上是在非常分散的时间和地点拍摄的。当然，视觉效果也能挑战或推翻政治家的言论，如希拉里·克林顿在 2008 年的总统初选中多次声称在 1996 年身为总统夫人时曾顶着狙击枪火访问波斯尼亚，但当访问期间的照片出现时，希拉里的谎言便被揭穿了，照片中的她和女儿是安全抵达波斯尼亚的，并受到当地人民的热烈欢迎。

视觉的记录功能经常在竞选广告中以象征符号的方式体现，政治候选人在办公室工作证明他们在为自己的选民而努力工作，跟子女及配偶在一起证明他们对家庭的爱与责任，与蓝领工人交谈证明他们对普通美国人的关注与爱护，等等。此外，候选人也经常在竞选传播中介绍自己曾经的服役经历，如约翰·克里（John Kerry）在竞选广告中使用他在越南服役的视频，鲍勃·多尔（Bob Dole）则把他从战争创伤中逐渐康复的照片展示给选民。上文提到的《来自希望的人》（A Man from Hope）系列广告中，图像被用来记录和证明克林顿是一位谦逊的、有教养的普通美国人。

当图像和文字发生冲突时，观众自然而然地将视觉信息和听觉信息相

---

❶　1954 年 6 月 9 日，美国陆军举行了对美国参议员、麦卡锡主义的始作俑者瑟夫·麦卡锡的军方听证会。人们将这次事件视为麦卡锡主义走向衰败的转折点。

结合，并以视觉信息对新闻报道中模棱两可的语言文本进行证实。正如施默尔所说："我们更加相信所见——这也是电视新闻比其他新闻来源更有可信度的主要原因——引人入胜的视觉效果有其自身的含义，往往与我们可能听到的词截然不同。"

3.2 视觉符码的情感传播策略

在大众媒介研究中，文字传达信息、图像引发情感几乎成为一种共识。在政治语境中，视觉常常被用来挖掘标志性的社会符号，并利用与这些符号相关的情感力量（Spratt，Peterson，Lagos，2005）。传统上对文学作品的评价标准，如是否具备"清晰度"（clarity）和"连贯性"（coherence）很难使用在视觉作品中，对视觉作品应该更侧重基于情感影响或美学特质的"整体性"（holistic）判断。

3.2.1 视觉劝服的情感"镜像"理论

卡洛琳·范·艾克（Caroline van Eck）的《古典修辞与近代早期欧洲视觉艺术》（*Classical Rhetoric and the Visual Arts in Early Modern Europe*）一书对视觉修辞的认知研究具有开创性意义。范·艾克注意到，"在现代早期的欧洲，视觉劝服的主要目的是通过对所描绘的事物的情感认同来打动观众，并激励他们采取有益的行动"（Eck，2007）。贺拉斯（Horace）在《诗艺》（*Ars Poetica*）中认为，"视觉劝服的必要条件"是"观者对被表征物的认同，从而产生一种逼真的存在感"（Eck，2007）。具体可以表现为三种视觉策略：第一，一幅画中包含了一个人物，他处于行动中并表现出了观众所期望看到的情感反应；第二，利用线性透视（linear perspective）创造一个观众得以进入的真实空间的错觉；第三，使用各种各样的错觉（trompe-l'oeil）设计，在绘画和真实空间之间创造出一种连续性的错觉，并在真实空间中展出。

简单来说，视觉作品需要描绘一个角色，该角色注视着观众并表现出照片试图引起的情绪，这便是情感"镜像"理论。情感镜像是现实生活中社会功能的一个重要组成部分，这种反应以神经生物学为基础（Rizzolatti，Sinigaglia，2008）。图像的创作者使用了一种语言无法复制的修辞策略，以达到引发情感共鸣的目的。

使用线性透视和其他错觉设计作为吸引观众走进图像的方式，是文艺复兴时期艺术家从古典修辞中汲取的最核心的经验之一，即在演讲者和听众之间建立"共同基础"（common ground）。视觉上的物理技术，能够把观众包含其中，并在某种程度上使观众成为一个独立的观察者，保持着表面上的客观。在当今的视觉媒体中，诸如 3D 或"隐形剪辑"❶（invisible editing）这样的错觉设计（illusionistic devices）建构了情感和说服之间的共同点，这是基于人类视觉的内在属性。从情感镜像理论来说，使用视觉媒体可以做到文字和语言无法做到的事情。

3.2.2　非语言符号的情感生成与认同

在美国政治传播领域，政治竞选将情感主题贯穿始终，而竞选中的政治广告又是将情感传播进行得最为直接和彻底的政治视觉手段。在竞选活动的筹备过程中，两党会对公众的情感倾向有一个基本认知，而这种认知也反映在包含着精心设计的信息的竞选广告当中。对于如何表现候选人领导能力的问题，一些社会心理分析学者建议，应将领导能力与选民和领导

---

❶　隐形剪辑，又称"分镜头剪辑"（continuity editing），是一种剪辑体系，指将镜头按照事件的进展连续性地组合在一起。

者关系中处于核心位置的矛盾心理结合起来。这正是上文提到的"共同基础"——选民渴望领导，渴望领导者为他们带来指导和保护，但选民憎恨政府施加控制。所以，选民希望领导者具有非凡的勇气和能力，也希望他们扎根于平凡的生活。我们需要他们，也羡慕他们，一种复杂的情感承认并协调着这种矛盾心理（Richards，2004）。

政治广告对美国民主选举制度具有重要意义。政治广告可以作为国际足球赛事开赛前的唱国歌环节，它对比赛结果没有影响，但对公众体验来说是重要的——充满激情地歌唱国歌，通过体育赛事来表达国家认同。政治广告虽然是一次性的视觉制品，但具备仪式的功能。在真正的竞争时刻之前，选民们需要体验一种充满激情的参与感，并体会政治竞争在国家生活中的重要性。

除此之外，在美国的政治视觉传播中，非语言符号也能够引发情感共鸣。最常见的如面部表情和手势，均可以作为一种提供论据的方式（Lanzetta et al.，1985），并通过视觉媒介传递这种情感化的论据。正如政治传播学者罗德·哈特（Rod Hart）指出的："电视能够将面部（表情）转化为论据。"（Hart，1999）在心理学和神经学领域的情感研究中，有一种将生理的、身体的行为看作情感的认知取向，成为政治家们以身体作为吸引力产生情感和光环效应论断的理论基础。有研究表明，对候选人能力的评估基于他们的外表，并且以此能够预测出选举结果（Todorov et al，2005）。

同时，新闻主持人的面部表情也可以影响观众对政策及政治领导人的看法。研究发现，如果选民定期观看对某候选人表现出积极情绪的主持人的节目，选民可能会将票投给这位候选人。

在2012年美国大选奥巴马与罗姆尼的第一场电视辩论中，以奥巴马与罗姆尼相互攻击对方时的面部表情为例。辩论的镜头来自美国有线电视C-SPAN，全部使用了一致的摄像机角度和分屏模式。罗姆尼攻击奥巴马："以我25年的工作经验来看，我不知道你在说什么。我可能需要换一位新会计了。你认为可以将工作机会转移到海外的想法，根本是不对的。"（37分14秒—37分24秒）而奥巴马攻击罗姆尼："我来告诉你，罗姆尼，在竞选中，当涉及自己的政党时，你并没有表现出对党内一些极端分子说不的意愿。"（1小时26分17秒—1小时26分28秒）

候选人的行为方式是否与所处修辞语境一致是定义情感恰当性的关键（Bucy，2011）。按照布西的研究，情感表现与修辞语境在情感价值与强度方面相匹配表现为：消极的高强度表现对应消极的高强度修辞攻击反应，这种消极表现是符合编码恰当性的（Bucy & Gong，2015）。但奥巴马和罗姆尼在面对被对手攻击这种消极的高强度压力修辞语境时，表现出了积极的低强度压力的非语言反应。这为他们带来辩论后的相关指责。

此外，与作为文化的标志性历史事件相关联也是政治传播中唤起情感生产和认同的手段之一。罗纳德·里根（Ronald Reagan）和乔治·布什（George Bush）都将自己的总统任期与美国文化中一个充满力量的概念联系在一起，即美国西部和神话牛仔的故事。同样，乔·罗森塔尔（Joe Rosenthal）的著名摄影作品《硫磺岛升起国旗》象征着美国的军事实力和爱国主义情感，而这种视觉效果的文化与情感力量在"9·11"事件后被媒体广泛使用后有所增强。

3.2.3 与情感相伴而生的权力象征

如上文论述，美国政治传播中的视觉符号是在权力机构的精心制作下呈现在受众面前的，这种精心制作将自身传播意图压缩于情感认同的过程之中。政治家们以"符号权力"（symbolic power）来维护这种能力，这种权力不仅可以策划一场媒介仪式，更可以控制民众对相关议题影像的获取。所以，政治视觉修辞的图像表征方式正是通过在权力系统内部以重复实践进行仪式化权力维护的。

2013 年，美国总统奥巴马禁止新闻摄影记者参与白宫活动，所有新闻报道全部使用由首席摄影师苏扎所拍摄的照片，由白宫统一发布。媒体认为奥巴马此举干扰了新闻实践的常规操作，是一种意识形态的管控。对实践、常规和仪式的重复性破坏意味着奥巴马政府图片管理部门的一个转变，总统品牌和叙事将图像和政绩、声望联系起来。政府通过对图像的控制向美国人和全球公众讲述自己的故事。

但通过对奥巴马图像管控时期白宫官方发布的图片的分析发现，这些照片并没有以一种特别出色的手法来拍摄，也毫无创造性。照片经常采用相似的焦距，以房间和人物为主要视角来表现主题。没有特写镜头，也没有聚焦独特的视觉符号或具有创造性的摄影方式等能够表现新闻摄影记者创作灵活性的元素。照片通过展示白宫椭圆形办公室或罗斯福会议室等空间来传递领导权力。奥巴马经常被描绘成一个考虑周到的领导人，因其在白宫的一些会议上或与人互动时保持一种专业的距离。

2013 年 8 月 26 日，奥巴马会见宗教领袖，会上讨论了教育、医疗和就业的问题。照片中奥巴马少见地没有成为视觉空间的核心人物。在一间有 19 个人的房间里，奥巴马被推到边框的右侧，他一边讲话一边打手势，与会者正在专心聆听。从某种意义上来说，这是一个特殊的历史时刻，图片色调阴沉，这意味着讨论的严肃性，但就讨论的内容来说，给未来带来了很大的希望。

2013 年 7 月 29 日奥巴马与希拉里·克林顿共进午餐的一张照片，表现了奥巴马的友好形象，他们坐在户外吃着沙拉。若是退回到 2008 年民主党提名时，这张照片里的画面是令人惊讶的。这表明，希拉里作为奥巴马的国务卿在这段他们一起工作的时间，修补了他们在竞选期间对彼此造成的伤害。同时也传递了一种平等关系，这也许意味着权力共享，也许意味着总统地位的转移或对政党领导人的尊重，因为前总统夫人当时已表示考虑参加 2016 年的总统竞选。

奥巴马为即将离开椭圆形办公室的小客人整理领带，与孩子们一起玩耍，这些照片与严肃的政治会议照片对比则表现出另外一种总统形象。这是奥巴马与孩子们在一起时的自发性时刻，此时的他显得没有被总统的重任束缚。

总体来说，这些照片都在蓄意地表现出奥巴马不可撼动的领导地位：在定位与他人关系时，传达他主导平等权利的信息；当他成为其他群体的一员与其共享空间，象征着支持和帮助非洲裔美国人在国内所面临的种族问题，以及担负着为中东和平提出相关解决办法的共同责任；作为肩负共同责任的领导人，奥巴马的表现可能改变了人们对他在公众舆论方面的预期。

3.3　媒介文本的表征功能：以政治漫画为例

3.3.1　政治漫画的发展概述

已知的第一幅政治漫画可以追溯到公元前 1360 年，漫画讽刺了埃及法老图坦卡蒙（Tutankhamon）的岳父埃赫那吞（Ikhnaton）。古希腊的陶器上也发现过政治漫画的基本形式，嘲笑政治领袖并赞美奥林匹亚众神。在罗马帝国各处也散落着政治漫画，如庞贝墙上有许多嘲笑无能的军事指挥官或政府官员的绘画。

印刷术的发明可以作为政治漫画的一个基石，在文艺复兴时期的欧洲，印刷术促使了"大报"（broadsheet）的出现。"大报"是为了大众消费而设计的，为了广泛发行而被设计成活页，向读者简明扼要地介绍时事。随着 19 世纪美国和欧洲报业对大报的逐渐合并，漫画家逐渐职业化，有了稳定的收入，社会对漫画的需求不断增长。但同时，漫画家也受到编辑审查和制作期限的制约。艺术创作自由受到报纸编辑的影响，那时的创造力被限制在平面绘画展示的连载作品中。随着漫画家的职业化，他们成了知识分子，人们期望他们不断地创作社会讽刺作品。

政治漫画是一种象征性的艺术插图，它承载着符号学表征系统，通过视觉隐喻的转喻机制建构批判性公共话语。它以诙谐或幽默的观点对社会问题、事件或人物发表评论，通常结合讽刺和夸张的手法来质疑权威和社会习俗。对此，爱德华兹和温克勒（Edwards，Winkler，1997）给政治漫画的定义是：一种"典型的以单格（one-panel）和非连续格式设计的绘画展示，对政治事件或社会政策发表独立的陈述或观察"。换句话说，政治漫画可以被定义为对政治人物、政治制度或政治事件的讽刺性评论，它反映了漫画家本人在该问题上的价值观和立场。因此，政治漫画是对政治问题的一种主观观察。

尽管有部分作者在社论漫画（editorial cartoons）范畴内区分了社会评论漫画（social comment cartoons）和政治漫画（political cartoons）两种漫画形式，但在使用"社论漫画"一词时，是指一种社会评论性视觉表现，也是一种讽刺性的政治视觉表现。我们可以将社论漫画或政治漫画分为两种：一种是基于视觉隐喻的传统漫画，另一种是更注重文本风格的漫画。在本书的分析中，专门处理第一种类型：论题式的单格绘画，有时也称为"口袋漫画"（pocket cartoons）。这类政治漫画通常会有一个副标题并包含一些文本，但它主要的效果还是来自视觉表现。在这种情况下，文本具有锚定功能，为绘画提供语言情境。

政治漫画最吸引人的因素之一是它的幽默性，它传达的信息很容易被接受，因为很多时候它建立在娱乐气氛下。漫画的观点可以被视觉化地理解并迅速传播，并以独特的说服力促进政治议题或文化主题的呈现和发展。正是这种即时的信息传递以及复杂而猛烈的批评，才使政治漫画成为强有力的沟通武器。漫画在政治传播和民意形成方面发挥着举足轻重的作用。虽然它们并不是政治参与的一种工具，但其解构社会问题的方式能够对公众解读政治候选人或政治话题产生至关重要的影响。

政治漫画可能是了解政坛气候和煽动公众舆论的一个不可思议的来源，因其内在的矛盾情绪而获得讽刺冲击力。在变幻莫测的政治形势下，政治漫画可以产生超越文本的视觉冲击力。这种象征意义上的自由将漫画置于意义螺旋的过程中，使漫画具有无可比拟的优势。因此，漫画应被视为绘图式社论，而不是用来取悦读者的配图。

3.3.2 日常生活语境中的议程设置功能

政治漫画代表了一种独特的媒体信息形式，它提供了选举活动或候选人的新视角，通常以单独的一张图片来表达。漫画家的言论自由和创作自由揭示了一种新的媒体传播形式：大众媒体作为一种政治讽刺媒介。因此，在不考虑传统形式的信息曝光的情况下，传播是可以自由发展的，这可能会使竞选人处于新闻业的讽刺之中。这种方式导致美国选举形式发生了重大的变化，从一种以意识形态为中心的模式转变为一种以政治品格为中心的模式。因此，漫画代表了一个"安全"的领域，在这个领域里可以表达意见，可以提出指控。而与漫画不同的是，新闻必须是真实的，而不是煽动性的（Conners，2005）[49]。面对政治讽刺，候选人不得不对他们的行为、举止、言语等极其小心，因为政治家的隐私是政治漫画家最喜欢的话题之一。

政治漫画和其他类型的政治幽默成为选民接收竞选信息的一部分。政治讽刺已经被政治竞选所接受。例如，克林顿在 1996 年竞选连任时，向亚特兰大《宪法》（*Coinstitution*）杂志的漫画家迈克·鲁科维奇（Mike Luck-ovich）发出了乘坐空军一号（Air Force One）的邀请。这一事件足以证明政治漫画在竞选中的重要性。

有效的政治漫画通过单一的图像传递出复杂的信息，其中大部分笑话只能被内部人士所理解和欣赏，如康纳斯所说："它们是不被大多数人理解的内部笑话。"（Conners，2005）[49] 在政治社会化的背景下，美国公众对所知的信息的见解实际上是由政治讽刺所提供的。考虑到政治作为支持和平衡公民社会化进程的基本功能，我们可以将政治社会化定义为"个体形成信仰、获取知识和技能、获得特殊引导、表达偏好、政治选择等形式的政治学习或教育的过程"。政治社会化呈现了个体在人类结构和社会政治脊椎中的关系，所以政治社会化是"个体形成的思想和政治标准逐渐同化的过程"。漫画中所使用的流行参考素材涉及"驯化过程"，即抽象的观念、冰冷的人物角色和不寻常的事件摇身一变，成为具体的、亲密的和熟悉的事物。

政治漫画有四个主要主题：普通的政治场所（ordinary political places）、文化典故（cultural allusions）、个人特征（personal traits）和主题情境（thematic situations）（Medhurst，DeSousa，1997）。所谓典故，即"任何虚构的、神话的、叙事的形式，以民间传说、文学或电子媒介为基础"（Conner，2005）。但政治漫画的编码类型导致漫画所承载的信息只有熟悉其背景如议题来源、文学来源或图像文化等方面的知情公众才能正确理解。

对于政治漫画的功能，梅德赫斯特和迪索萨（Medhurst & DeSousa，1982）给出了最全面的阐释——政治漫画在社交生活中显示了四项基本功能：娱乐性、降低攻击性、议程设置和构建框架。与此同时，他们还认为政治漫画为读者提供了一种情绪宣泄与心理净化的特殊方式，减少社会的挫败感以及防止冲突升级（Medhurst，DeSousa，1997）。这就好似发生在政治漫画中的象征性排解（symbolic discharge）可以取代消极的情感释放。以议程设置功能和框架功能为例，政治漫画在议程设置方面起到引领作用。通过讽刺性地凸显某些事件或人物，它们提供了与公共议程的实质性关联。因此，政治漫画有助于建构公共意识和公众关注，以过滤和塑造的方式建构舆论的基础。

政治漫画在特定时间或地点对某些问题提供了特定框架。所谓"框架"（frame）指的是某事物如何呈现给人们，并影响人们对处理这些信息所作的选择。框架理论与议程设置理论具有相关性，它通过关注问题的本质来拓展研究范畴。从这个意义上说，框架理论即第二层次议程设置。框架，是一种认知结构，负责组织或构造信息的含义，将事件置于意义范畴，并引导公众朝某个方向前进。

在政治漫画提供的意义框架下，读者可以检查、评价和处理一个社会的政治生活。通过对可感知的政治现实的描述，政治漫画可以促进特定问题的意义阐明、因果解释和道德评价（Entman，1993）。再次以特朗普签名《圣经》事件为例，有媒体认为，特朗普在《圣经》上潦草地签名，还摆姿势拍照，就像在举行自己的新书发布会，看起来完全就是共和党精心策划的政治活动。在这种认知的基础上，有媒体创作了以特朗普上任期间发布的那些引起争论的行政指令为主题的政治讽刺漫画，例如特朗普在 2018 年 4 月签署的对非法入境者采取的"骨肉分离"政策，就成为特朗普"新书发布"的第一本：《骨肉分离》。以该事件为认知框架，有媒体又以特朗普在 2018 年 4 月实施的"骨肉分离"移民政策（美国边境执法部门对非法入境者采取抓获必收押、起诉、遣返的措施，并把他们与未成年子女强制分离）为例，创作了漫画《骨肉分离》，将"骨肉分离"政策嫁接到《圣经》事件以重构政治现实，漫画中将美墨边境的沙漠地理符号（仙人掌/夜空）转化为政策荒漠的隐喻，特朗普张开的双臂既象征"让美国再次伟大"的选举承诺，又构成吞噬非法入境家庭的暴力漩涡。漫画左上角"The First Book of Family Separation"的标题通过伪档案化命名（"第一本书"），将政策暴力升格为文化遗产。

政治漫画的框架离不开媒介的介入，即媒介如何与社会相联系，如何根据共同现实来生产有意义的话语。媒体是公共政策和社会话语之间的中介，其方式是提供包含了不同社会（公共和私人）机构的预期需要或动机的公共舆论信息。漫画的"框架"功能是通过将问题置于日常生活的语境中，并以此方式利用"普世价值"来说服读者认同图像及其意图信息。这意味着，以理所当然的意义为基础，政治漫画将更具说服力地与人们共享相同的社会、历史、政治或经济环境。此外，由于政治漫画作为社会知识的组织框架而运行，因此特别容易受意识形态的支配，进而粉饰了政治生活。

3.3.3 象征设计中的政治变革指征功能

政治漫画的政治变革指征作用可以追溯到本杰明·富兰克林（Benjamin Franklin）时期。作为18世纪辩论家的典型代表，富兰克林认识到视觉修辞是影响信念和行动的最有力的方式。在富兰克林的新闻职业和政治生涯不同时期创作的视觉作品中都呈现了关于美国当时的政治变革的指征。

1754年，法国–印第安人战争的第一年，一幅名为《参加，或死亡》（*Join，or Die*）的木版画刊登在5月9日的《宾夕法尼亚公报》第2页（见图3–1）。这幅画作把殖民地描绘成一条身体被分成八段的蛇，目的在于促进法国战争和印第安战争期间各英属殖民地之间的团结。被分割的蛇的每一段都标有英属北美殖民地或地区的首字母缩写，从头部的新英格兰到尾部的南卡罗来纳州。

图3–1 政治漫画《参加，或死亡》

1766 年，《宾夕法尼亚公报》上刊登了一幅名为《大不列颠尼亚：归还殖民地》（*MAGNA Britannia：her colonial REDUC'D*）的作品，该作品描绘了一个女人的身体，她的胳膊和腿被砍掉在地上（见图 3-2）。两条断臂分别标有"Pennsyl"和"New York"，两条短腿分别标有"Virg-"和"New Eng-"。富兰克林把殖民地描绘成不列颠尼亚的断臂和断腿，这幅漫画意在表达：在 1765 年和 1766 年对《印花税法案》引发争议之际，富兰克林创作了政治漫画《大不列颠尼亚：归还殖民地》，他把殖民地描绘成不列颠尼亚的断臂和断腿，通过视觉隐喻系统构建了殖民地与母国的政治整合诉求。

图 3-2　政治漫画《大不列颠尼亚：归还殖民地》

同年，《宾夕法尼亚公报》刊登了《我们是一个国家》（*We are One*）的作品，该作品将美国设计成 13 个相互勾连的环印在大陆纸币上，以表示在最初的战争年代各州之间的团结（图 3-3）。

我们将目光回到特朗普时期。特朗普第一次竞选时期的口号是"让美国再次伟大"（*Make American Great Again*），在其执政期间，关于美国更加团结、更加强大的主题演说也经常出现在媒体上。但社会现实中关于美国国内分裂的言论不绝于耳。这种分裂不是指领土上的分裂，而是指社会群体在意识形态、基本立场以及民族性问题上的分裂。总统言论与现实情况的反差，让美国民众的政治信任度一度下滑到历史低点。在政治漫画《强大的美国》中，特朗普在电视上继续发表着"我们的国家很强大"的演讲，电视画面外，将美国国家拟人化的"山姆大叔"早已四分五裂地躺在地上。

图 3-3　政治漫画《我们是一个国家》

　　基于以上政治漫画的共同特征，可以将它们归为同一类视觉修辞或同一类象征设计：以图像表征的手段生产道德或政治训诫。作为视觉修辞，它们的表现手法可以追溯到跨越几个世纪的欧洲象征（emblems）与设计（devices）的美学传统。这些政治漫画作为政治变革指征的象征设计，都由两个部分组成：身体与格言，身体作为形象，格言作为思想。

3.4　本章小结

　　本章从图像的视觉语法、视觉论据、视觉传播策略等层面来考察媒介文本的表征意义。视觉符码系统在政治语境中承担着传递劝服性论据的作用，但由于其开放性的命题，对符码系统的解码是具有不同解释框架的。这也是视觉修辞分析的一个前提，即人们不能以同一种方式去解读照片。受众应该接受、协商或者反对信息的"编码"意义，因为同样的图像已经同时包含了统治和反抗的两种反应，所以不能只产生一种解读效果（Hariman & Lucaites，2007）[10]。但不论视觉论据与视觉主张以何种机制生产意义，符号传播始终是一种权力机构维护其统治地位的传播方式，在这个过程中情感呈现为策略，该传播策略也是建立在情感"镜像"理论的基础上。

本章以政治漫画类的视觉化的媒介文本为案例，简述了政治漫画的发展脉络，政治漫画在日常语境中的议程设置功能，除此之外的框架、娱乐和降低攻击性功能，并阐释了政治漫画作为一种象征性设计时所包含的政治变革指征作用。通过对美国政治视觉传播中的符号系统的深度剖析，本章认为在政治视觉传播领域，应该尝试在人、空间和语境公平展示的边界内努力追寻一种最接近真相的可能。

第 **4** 章

出场与表演：媒介文本的互动意义

大多数美国人没有与政治领导者亲身打交道的经历，他们只能通过媒体了解自己投票选出的政府官员。公民了解这些领导人的主要手段之一就是通过视觉图像（visual image）来构建政治想象（political image）（Graber，1987）。政治家们深谙此道，所以在有限的出镜时间里小心经营着每一个视觉元素符号，政治舞台比过去任何时候都需要关注符号生产过程中的情感及情感的调节与管理。

图像意义系统的另一种类型是人际交流的互动意义，旨在揭示图像提供者与观看者之间的交流与认知，政治家们的"出场"意味着形成一种观看结构和视觉关系，并在"表演"中实现接触并建立一种互动关系。互动意义通过接触、社会距离和态度三种视觉语法手段来实现（Kress & van Leeuwen，2006）。在本章中，接触和社会距离手段体现为对政治人物以何种形象"出场"问题的研究，态度手段体现为对政治人物情感劳动问题的研究。

4.1 视觉文化阐释框架下的政治传播

视觉文化是一种策略。它是一种流动的阐释结构，旨在理解个人及群体对视觉媒体的反应（米尔佐夫，2006）[5]。对于视觉文化把文化的意义定义为一种阐释框架，得益于人类学家泰勒。泰勒在其《原始文化》一书中提出："文化或文明从人种学意义上来说，是一个综合的整体，它包括知识、信仰、艺术、道德、法律、风俗，以及一个社会成员所能获得的其他所有才能和习性。"（泰勒，2005）按照泰勒所言，文化更像是一种实践，这种实践成为人们参与、阐释政治的一个领域。这里所说的政治，不仅指党派政治，也包含一种政治意识，以及在这种意识中个人和团体是如何表述、记忆身份的。

4.1.1 民主赤字的情感化"治疗"可能

近年来，以政策辩论、民主投票、竞选广告等为传播特征的西方民主选举政治被诟病为"作秀"，特殊利益群体通过选举将自身谋求利益的行为合法化和正当化，这导致西方的"民主赤字"问题愈发严重。

所谓"民主赤字"（democratic deficit），可以简单理解为在政府执政与民意诉求之间存在巨大差距的政治现状下，公民对政治产生的厌恶情绪。在传播学视域下，英国公共传播学者巴里·理查兹（Barry Richards）指出了民主赤字的原因，这是由政治传播中情感缺失导致的，即当代政治传播未能满足人们的某些情感体验（Richards，2004）。因此，政治，尤其是政治传播，应该提供情感体验以适应流行文化，否则它依旧无法获得大众的关注，导致民主赤字持续增长。作为解决办法，西方的民主复兴从传播方式上可以诉诸更多层次的政治辩论、更依赖于情感传播的竞选广告，等等。具体地说，政客们可以向公众介绍政治的日常工作，或者提供类似电视肥皂剧等具有情感说服力的叙事。

从社会学视角看，流行文化具有另外一种表述方式，即我们生活在消费文化中，这种文化具有情感的显著性特征（Featherstone，1991）。"流行"（popular），在某种程度上是一个充满了激情和情感释放的场域，但又不能把它理解为一个纯粹表达或宣泄情感的狂欢。在文化研究路径下，"流行"更具有反思性，它既关心情感的表达，也关心情感的管理。这种情感化是一种"治疗"（therapeutic）文化，因为它通过情感与思想的结合来呈现自身的反思性和表达性（Richards，Brown，2002）。

从媒介内容的分析中也可以看出"治疗"文化的趋势。肥皂剧、电视真人秀和访谈节目等都具有心理兴趣维度，通常都是以复杂的情感内核引发观众深思。某种程度上，"政治营销"（political marketing）的兴起是对"治疗"话语的一种隐性认可。

之所以说是隐性认可，是因为长期以来，民主被认为应该是一场理性竞争，情感式的"治疗"话语与理性的、平衡的、成熟的政治进程是对立的。但当代学术界对传统的"情感—理性"对立二分法持质疑或反对态度的学者越来越多，转而认为它们之间是一种深刻的相互联系和互补的关系。情感对政治的参与是为了促进理性对话，而不是排斥理性对话。市场营销，尤其是广告，在一定程度上已经发展成为一种处理消费者情绪的专业技能，通常是通过高度审美化的意象来达到赋予商品和服务在公众头脑中产生强烈的情感共鸣的力量（Richards，2004）。观看创造了情感，情感将不同的审美分割开来。丰富的情感体验将视觉符号及其不同的组成形式纳入关系网中。所以，"政治营销"，尤其是竞选广告，需要以同样的手段来实现目标，无论对整个政治领域，还是对其中的特定"品牌"（Newman，1999），进而对"民主赤字"的现状予以情感化"治疗"。

4.1.2　政治文化与流行文化的勾连

当代美国政治传播的宣传技巧和后果的争论一直存在于美国政治传播领域，政党对媒体的操纵及对政治的高调包装成为当今美国政治的本质问题。如斯特里斯（Street，1997）指出，要思考文化与政治之间关系的重要性，即政治是如何受文化影响的。如上文所说，政治营销的兴起，意味着政治受到了营销文化（culture of marketing）的影响。但有学者认为这种观点过于狭隘，营销并不是一种从"外部"影响政治的特殊文化。舒德森曾提醒我们：政治即文化。这是在政治内部展开的一种更为广泛的文化变化，这个过程被一种强大的变革力量推动着，它不仅在政治领域自发产生，而且在不同的领域之间相互渗透（Schudson，2001）。这种不同社会领域之间的界限比以往更具有渗透性，政治、工作、休闲和个人生活都在发生相互作用，成为"后现代"的一个景观。技术的发展意味着时间和空间被压缩，不同的文化和精神元素被压缩到相同的社会空间（Richards，2000）。

社会文化的变化对政治产生影响的方式有很多种，最基本的方式是流行文化对政治日益增长的影响力（Street，2001）[5]。这种影响力具有复杂的驱动因素，如大众媒介的扩散、流行文化的创造力等。这些因素渗透到政治领域的例子比比皆是，如竞选活动中播放的流行背景音乐。如今，流行音乐对大多数人来说更像是生活的一种原声，在公共和私人空间中无处不在。政治传播经常引用的图片和短语都汲取自当代流行文化，政治进程的电视化让选民们越来越多地通过政客的手势和面部表情来"读"政治，犹如我们在电视上读演员的表演（Street，2001）[5]。这种不断发展的技术能力，使我们能够借助外部器械设备看见原本依靠人眼看不见的东西，这正是视觉文化最神奇的特征。它将本身并非视觉性的东西予以视觉化，使对人眼的依赖转向了对器物产出的依赖。

总体来说，民主进程呈现在一个舞台上，这个舞台不仅囊括了意识形态、仪式和市民文化等传统资源，还从流行文化中"借用"（borrowed）了剧本、演员和道具，尽管这些资源很快成为政治结构本身的一部分（Richards，2004）。文化在政治中的影响越来越大，流行文化渗入并塑造着政治，在政治传播的内容和渠道、公众舆论和公民个体的价值观决策等方面重构了政治的日常。

当然，文化在政治中的这种渗透和塑造过程也存在着导致政治活动失败的可能性。例如，竞选广告中的歌曲不适合某些目标受众，竞选者的着装被某些人认为不合适，等等。虽然刻意而系统地关注竞选者的着装、举止和人格形象在理性主义范式的政治传播中仍被嘲笑，但这种做法实际上是对政治家作为个人给公众留下深刻印象的极其重要的一种承认方式。政策选择是政治家的选择，所以对公众来说关注政治家的情感、品质和兴趣是合情合理的。从根本上来说，这是一个有关信任的议题，这位政治家能够被信任吗？所以在一种宣传文化中，为了赢得信任，政治竞选活动不可避免地用到以情感为导向的营销技巧。

4.2　自我呈现的政治形象建构

美国政治家们如同机械复制般娴熟地演绎着来自视觉文化策略指导下的剧本，在此过程中完成对符号、情感与形象的操纵。来自情感社会学的理论可以对美国政治家们这种娴熟技艺进行一种学术上的解读，他们在拟剧舞台上创造"邂逅"并表演视觉脚本。

4.2.1　自我呈现的初始形态："邂逅"

戈夫曼的"邂逅"（encounter）概念是其关于自我呈现的早期研究，指人与人之间借助语言符号或非语言符号在现实情境中的相遇。戈夫曼受到涂尔干在《宗教生活的基本形式》（*The Elementary Forms of The Religious Life*）一书中关于澳大利亚中部土著居民周期性集会的描述的启发，将集会进行分析并转换得出"邂逅"的概念。在涂尔干的研究中，提到了"神力"（mana）一词，这是土著居民对外在的能力和力量的统称。例如，"神力"可以促使集体性的兴奋能力产生。涂尔干通过描述人在集会时面对面的互动、增强的情绪唤醒、仪式及群体神圣的符号，展示了一幅情感如何在面对面互动中生成的图景（特纳，斯戴兹，2007）[23]。

戈夫曼的"邂逅"过程包括以下成分：第一，视觉的和认知的集中；第二，相互的和有效的语言沟通；第三，相互的注视使交互的知觉和监控最大化；第四，产生"我们"这种团结情感；第五，开始、结束、进入和退出都有一种仪式的和正式的标记；第六，有一系列仪式程序指出越轨的行为并进行纠正（特纳，斯戴兹，2007）[23]。戈夫曼认为互动的基本单位就是这种"集中的邂逅"（focused encounter）。不难看出，戈夫曼将涂尔干关于宗教起源的描述转换为面对面互动的基本结构。"集中的邂逅"存寄于宽泛的结构和文化单元中，每一个邂逅都镶嵌于一定的场景之中，成为集会的一部分。美国政治视觉传播的多种形式均可以放置于"邂逅"的结构中进行讨论，如演讲、电视辩论、竞选广告等。

这个结构包含着众多细分维度：第一个维度是谈话的形式，即人们如何运用语言；第二个维度是仪式的运用，或者说是谈话的定势性序列及根据文化脚本保持谈话的线索；第三个维度是道具的运用；第四个维度是框架，即通过框架建立起在互动中包含和排除的边界（Goffman，1974）；第五个维度是情境的范畴，如工作领域、社会领域或庆祝仪式，个体在"邂逅"时可以使用的自我展示风格；第六个维度是表达，即在互动过程中对他人的情感呈现。戈夫曼的分析可以视为符号互动论的一种形式。人们运用仪式保持互动顺利平稳地进行，并因此遵从并强化文化脚本。人们通过策略化的操纵行为，让自己的行为看起来是符合文化脚本的，并以此进一步强化文化脚本内含的道德规范。

4.2.2　视觉"邂逅"中的形象操纵

早在里根时期，他的首席摄影师迈克尔·迪弗（Michael Deaver）便开始尝试在常规拍摄的基础上，进一步捕捉与总统相关的那些更具美感及故事性的瞬间，这无疑给美国民众带来了良好的观感。这一拍摄手法在克林顿时期开始广泛使用，并被小布什团队继承。奥巴马时期，他的团队甚至有意识地去"创作"这种照片。特朗普上任后，并不十分重视通过总统影像来塑造自己的政治形象。在大部分需要摄影的场合中，特朗普仅仅作出常规的"总统式"微笑和动作。

对于特朗普的首席摄影师希拉赫·格莱格海德（Shealah Graighead）拍摄的照片，有媒体评价"无聊、过于正式"。但是，特朗普却经常将他的新闻秘书肖恩·斯派瑟（Sean Spicer）用智能手机为他拍摄的照片传到社交媒体上，这些照片大多画面模糊、对焦不准或曝光不足。由此可见，特朗普在形象塑造方面，与传统政客的策略并不同，但仍然以发布照片的方式与选民互动。曾负责前总统小布什的形象管理的亚当·贝尔马尔（Adam Belmar）认为："美国总统这一职位的形象至关重要。后人会如何评价你，甚至你的政绩，有时候直接取决于照片。"

美国政治家们野心勃勃，在政治"邂逅"场景中试图将语言和视觉符号在有限的出镜时间里全部展示出来，其目的是塑造一个被选民喜爱的形象。相比政治广告，"形象片段"（image bites）是一种简洁、浓缩的视觉形式。形象片段是美国传播学者丹·希尔（Dan Schill）在一篇关于政治传播综述的文章中相对于原声片段❶（sound bites）的一个表述（Schill，2012）。20世纪60—70年代，来自广告客户的压力迫使美国电视业将娱乐化模式用于新闻报道中，这些原声片段成了政治新闻报道的核心内容。原声片段的长度由1968年的43秒减少到2008年的8.9秒，因此，政治家们必须快速并有效地传播信息（Farnsworth & Lichter，2011）。剪辑技术是一种人为操作，即便一则平衡的报道包含了辩论双方的不同声音，但当哗众取宠或者刻意宣传某种观点成为剪辑标准时，原声摘要技术就可能会导致偏见性报道。

虽然以原声片段表达政治言论依旧是一项重要策略，但是制作形象片段的重要性正迅速上升，尤其是在无法听到候选人讲话的情况下播放简短的视觉镜头或视频片段（Lowry & Shidler，1998）。布西和格拉贝（Grabe & Bucy，2007）在关于电视新闻和总统竞选的研究中，发现原声片段只占选举报道的14.3%，形象片段的比重则上升到25.1%。美国前总统乔治·布什的新闻主管丹·巴特利特（Dan Bartlett）曾说：“我们不仅重视总统说了什么，而且重视人民看到了什么。美国人的生活节奏太快，以至于没有时间听完一整条广播。如果他们可以通过60秒电视节目就知道总统在谈论什么，作为传播者，你的目标就达成了。”（Bumiller，2003）

政治视觉传播本质上是一种由碎片化形象符号构成的象征实践系统，其核心功能在于通过政治主体的视觉吸引力实现意义再生产。视觉吸引力不仅承载着政治家的身份特质（如社会背景、人格特征与领袖风度），而且可以通过符号化编码直接参与政治形象的符号资本积累过程。政治心理学家德鲁·韦斯特恩（Drew Westen）的实证研究表明，选民通过电视媒介对

---

❶ “原声片段”一词于20世纪70年代由美国媒体第一次使用，是指电视新闻节目中的一段(公众人物的)简短的记录性陈述，或指一段简短而吸引人的评论或言论。政治家们以公关手段精心设计自我形象和竞选标语，希望取得电视观众的共鸣并最终取得竞选的胜利。

候选人形象的短暂接触即可形成持久的情感认知图式（Westen，2007）。这种视觉主导的认知模式使视觉制品演变为政治博弈的战略武器——政治家及其顾问通过精心策划的视觉事件将图像文本转化为政治意图的具象载体。其具体操作范式包括以下维度。

（1）演讲的艺术。

政治修辞学者纳尔逊和博伊顿（Nelson & Boyton）认为政治信息的劝服效果是呈现在投递过程中的，其效力取决于传播过程中的微观符号配置。在公共演讲场景中，政治家通过节奏平衡、语势调控及语境适配等修辞技术，建构符合受众认知框架的"合理性幻觉"。相关研究曾对奥巴马演讲的修辞特征进行聚合分析，认为其语言结构的"节奏平衡"（rhythmic balance）、韵律性编排与受众情感共振形成同构关系，构成了政治说服的隐性语法。

（2）仪式的操控。

在政治形象建构的符号生产过程中，文化脚本的仪式化展演始终遵循系统化操控逻辑。政治家们的专业公关团队对视觉框架进行全要素操控。施尔（Schill，2012）的研究表明，在媒介事件的上演过程中，团队从服饰符码（服装的款式、颜色、配饰）、环境布景（灯光、色彩、空间布局）到身体展演（面部表情、手势语系），均被纳入高度标准化的视觉生产体系。这些操控甚至延伸至影像技术层面，摄影师及其对竞选过程中镜头视角的操控反而只具有有限的控制权（Schill，2012），技术参数本身也成为政治修辞的延伸载体。

尽管公关团队无法完全主导媒体的报道框架，但其通过预设视觉文本的标准化生产，在政治广告、政治演讲、新闻发布会等多元传播场域中实现"视觉优先权"的争夺。他们精心策划每一个视觉元素，从政治家们应该穿什么颜色的衣服到与谁合影等细节。典型案例可见小布什团队的媒介策略：雇用具有电视制片经验的专家，系统设计出镜场景的舞台效果。当讨论就业政策时，可以要求背景观众去除领带，通过服饰符码的降维处理建构"平民共同体"的身份认同。

除了对政治家量身定制打造形象之外，公关团队还通过摄影构图来构建政治意义。从仰角拍摄产生的权力崇高感（相较于水平视角的民主平等意象），到光线明暗对比塑造的道德隐喻（高光照射暗示透明性、阴影覆盖引发神秘化），再到空间接近性原则激发的心理认同（近距离构图强化情感共鸣），此类技术要素构成布尔迪厄（Bourdieu）所称的"习性操控"——通过视觉惯例的隐蔽运作，将政治价值编码为"自然化"的认知图式。这种技术中介性在小布什团队的影像实践中得到充分印证。他在拉什莫尔山（Mount Rushmore）国家纪念公园发表演讲时，公关团队通过摄像机的空间调度，使电视画面呈现小布什与四位美国前总统石刻像的视觉重合（Bumiller，2003），借助历史图腾的象征资本完成当代政治权威的合法性转译。格雷伯（Graber）就此总结如下：

> 当从低角度仰拍时，人们比俯拍时显得更高更有力量……极端角度（extreme angles）往往会产生负面评价。运动中的照片比固定站位的照片使人显得更加亲切。镜头越近，人们越喜欢听候选人说的话。特写镜头还能让人看起来更友好、更平易近人……演讲中有力的手势给人以力量和激情的印象……候选人的背景，包括颜色和灯光，也会改变所传达的图像和情绪（Graber，1996b）。

（3）道具的运用。

政治道具作为视觉修辞的延伸载体，通过符号转喻实现意识形态的隐蔽渗透。典型案例可见前白宫首席摄影师苏扎为奥巴马设计的"苹果符号"。奥巴马总统任期内于白宫椭圆形办公室拍摄的照片中都会出现一碗苹果——被赋予健康、廉洁与亲和力的多层意涵，以日常物品作为象征性符号进行政治隐喻表征。

（4）框架的建构。

政治家的形象塑造一直遵循着"神话原型"（mythic archetypes）的框架，通过这种框架构建神话叙事并完成政治形象生产。格拉斯曼和肯尼迪（Glassman & Kennedy，1994）归纳的政治"视觉原型"（visual archetype）包括：一是亲民性领袖，候选人通过在人群中挥手、握手或竖起大拇指等肢体符号建构选民接触的拟真场景，达成"很高兴遇见你"（glad‐to‐see‐you）的形象；二是演说型权威，以充满活力的动态演讲姿态强化决策力与感召力；三是受爱戴的偶像，候选人借助颁奖、授勋等仪式场景完成神圣化赋权；四是体能型精英，候选人通过运动影像建构活力与竞争意识的符号关联，在视觉上被描绘成运动员或户外运动者，如踢足球、打猎或打高尔夫球。其他常见的视觉原型还有，作为媒体明星的候选人，作为父亲形象的候选人，或者作为家庭成员的候选人。一项研究发现，美国总统候选人往往倾向于以受人爱戴的领导者形象示人，尤其是在欢呼的人群中。

（5）场景的互动。

在政治传播中，"邂逅"指的是政治家与公众之间的短暂互动，这些互动往往经过精心策划，目的在于塑造政治家的形象并影响公众认知。在政治"邂逅"中，政治家通过展示自我风格，如领袖魅力、年轻活力、果敢勇气和责任感等特质，来吸引选民的注意力并赢得他们的支持。

例如，政治家们会特意选择在购物中心、养老院、学校等场景中出现，这些地方象征着日常生活和公众关心的核心议题。通过在这些场景中展示自己的形象，试图与选民建立情感联系，传达他们对民生问题的关注和对社会的责任感。在"邂逅"中以视觉形象展示自我风格的例子不胜枚举：

吉米·卡特（Jimmy Carter）的牛仔裤符号（平民性）、克林顿的萨克斯演奏（文化资本）及里根的直升机挥手（危机管控力），不论他的政治困境多么艰难，当他从白宫出来，面对媒体，走向自己的直升机时，他总是微笑着向镜头挥手，以此来传递他的强势形象。

（6）情感的表达。

政治视觉传播最终指向情感能量的符号动员。情感角色的重要扮演者——电视，是一种情感媒介。通过电视播放的政治广告常以视觉效果来激发人们的兴趣。例如，小布什总统在 2004 年的广告中拥抱"9·11"事件的受难者，老布什在 1988 年的广告中用"旋转门"（revolving door）来唤起人们的恐惧。图像通过激发恐惧、同情等集体情感，完成政治认同的再生产。

4.3　拟剧舞台上的政治视觉戏剧化

拟剧隐喻的学术谱系可追溯至威廉·莎士比亚（William Shakespeare）对人性本质的戏剧化诠释。该理论范式将社会互动解构为剧场展演系统，其核心分析维度涵盖舞台（社会情境）、脚本（文化规约）、观众（互动对象）、道具（物质符号）与演员（行为主体）等结构性要素。当代拟剧理论研究者承袭了"文化脚本对互动行为的形塑作用"这一核心命题，其强调行为主体能够自觉遵循由规范、价值、信念和其他符号系统构成的"文化脚本"，并依此调整其话语策略、动作模式与角色表演策略（特纳，斯戴兹，2007）。这种认知框架揭示，社会行动本质上是通过符号解码与编码实现的"文化规训的具身化实践"。

4.3.1 "成功"的表演与政策戏剧化

戈夫曼在《日常生活中的自我呈现》（*The Presentation of Self in Everyday Life*）一书中的思想，既是对莎士比亚拟剧隐喻的现代社会学承袭，也是对乔治·米德（George Herbert Mead）等人的符号互动理论的微观实践转化。通过将戏剧结构中的"舞台—角色—观众"系统移植至日常互动分析中，戈夫曼创造性地提出：社会个体通过持续性的印象管理，在特定情境中策略性地披露或隐匿自我信息，以此建构符合文化脚本的角色表演。

戈夫曼将自我呈现行为比作戏剧表演，并认为呈现主体会根据不同场景的不同需求管理调整自我呈现行为，从而实现对他人施加影响的目的。其中涉及一组较为知名的概念：前台（front stage）与后台（back stage）。所谓前台，是指"个体表演中以一般的方式和固定的方式有规律地为观察者定义情境的那部分"，是"个人在表演期间有意无意使用的、标准的表达性装备"；所谓后台，与前台相反，是"那些被竭力抑制""可能有损于它所要造成的印象的那些行动"（戈夫曼，2008）。按照戈夫曼的表述，前台行为是有意识地依照自己的符号系统表演自己的脚本，塑造自己的理想形象，而后台行为则摆脱了社会期待的束缚，实现的是真实自我的呈现。对于前台和后台的操作，便是所谓的"印象管理"（impression management）。

政治家们的自我呈现也好比戏剧表演，这不仅是源于社会与心理层面的诉求，也是视觉符号赋予的戏剧化功能。视觉符号的本质是允许候选人和其他政治参与者赋予政策以生命，并通过图像展示其重要性（Luntz，2007）。修辞理论家沃尔特·费舍尔（Walter Fisher）一语道破了其中的奥妙："人类天生就是讲故事的动物，图像的审美特质可以通过设定场景、刻画人物和添加戏剧性来促进这些叙事。"（Fisher，1984）

政治主体的自我展演及政治诉求的戏剧化呈现，本质上依托媒介平台的视觉修辞得以强化（Schill，2009）。在此过程中，图像通过双重机制实现政治传播效能：一方面以具象化场景提升政策叙事的趣味性与可感知性，另一方面通过符号化编码促进抽象理念的认知内化。这种视觉政治策略在实践中呈现为三种典型模式：

其一，政策承诺的行为符号化。例如，克林顿和戈尔在一所小学参与计算机电缆安装并合影的行为展演，将技术推广政策转化为可见的实践场景。通过身体在场的劳动姿态与教育空间的符号叠加，原本抽象的教育现代化承诺被锚定为具体的视觉事件，形成"政策即行动"的认知框架。其二，公共议题的日常生活化转译。米歇尔·奥巴马在白宫南侧草坪开辟菜园，将营养学政策植入总统夫人的家庭生活图景。通过持续记录种植过程的视觉叙事，健康饮食倡议被重构为可触摸的日常实践，权力空间由此被重新赋义为政策理念的培育基地。

视觉符号的情绪动员功能也构成政治形象建构的关键维度。作为触发受众情感共振的认知界面（Hill，2004），视觉符号通过情绪光谱的即时传播机制实现政治传播效能，即通过色彩、构图与场景符号激活喜悦、信任、恐惧、惊讶、悲伤、厌恶、愤怒和期待等多元情绪反应，挖掘集体持有的知识宝库，激发强有力的情感，并鼓励思考和行动。梅拉比安（Mehrabian，1971）在20世纪70年代的经典研究为此提供了实证支撑：非语言符号系统承载着93%的情感传播效能。这种效能源于视觉符号的"高密度信息包"特性——相较于线性文字叙述，其通过空间并置的符号集群实现多模态信息同步传递，使受众能在200毫秒内完成图像解码与情绪标记。视觉符号比其他符号形式包含着更大的信息量，观众可以更加快速地处理视觉信息、理解信息并留下印象。尤其是当视觉内容包含戏剧性和全新的信息时，这种印象会更加深刻。

面部表情和手势语系等视觉符号能够在无意识层面传递普适性情绪信息，同时也具有跨文化的情感通约性（Ekman，1972）。更为重要的是，这种视觉上的情绪化并不会阻碍观众以逻辑和理性的方式处理图像的能力，甚至可以为观察者在危机中应该如何反应提供启发式线索（Bucy，2003）。虽然对人类大脑的研究发现，对图像的情绪化处理几乎是瞬间完成的，它优先于观众理性地处理信息（Richards，2004），但图像可以刺激理性和情感过程，这些情感和逻辑框架是相互关联的。这种情绪先导与理性延展的认知序列，本质上构成视觉政治传播的双通道模型——情感冲击为逻辑思考提供动力锚点，而理性分析则对情感印记进行意义赋形。

4.3.2 "困难的"伪装与政治糗事

戈夫曼通过"给予"与"流露"的二元框架，揭示了印象管理实践中难以规避的符号泄露困境（戈夫曼，2008）。所谓"给予"，是指行为主体有意传达的信息；而"流露"，则是无意间传达的信息，如面部微表情、体态特征和生理反应等，这些无意识的身体实践往往成为解构前台必要的认知裂隙（Bucy & Bradley，2004）。2016 年美国大选期间，希拉里·克林顿多次被媒体捕捉到步履蹒跚、意外滑倒等身体符号无意识流露的画面，构成典型的政治传播危机案例。此类身体实践虽未被纳入竞选团队的"给予"系统设计，却通过媒介放大效应触发选民对其健康状况的集体性质疑，进而动摇"总统胜任力"的符号建构基础。这种符号失控现象不仅存在于物理层面，更延伸至政治规范领域——即"政治糗事"。

政治糗事作为现代美国政治传播研究的重要范畴，特指政客或候选人在公共场域中做出出乎意料、不符合场合或政治不正确的言语或行为（周树华，Maxwell，Kim，单舟：2017）。糗事相对于其他政治现象的特征是涉及的事件较小，并不是政治立场和意识形态的反映。这类事件的典型样态包括政策知识盲区的暴露。例如，2015 年 12 月特朗普与希拉里的电视辩论，特朗普居然不知何为"战略核三角"，在媒体的再三追问下，特朗普想以"在我看来，对我而言，核武器就是力量，其毁灭性对我来说非常重要"的回答蒙混过关，这件事成为美国各大媒体的报道焦点。政治糗事对于媒体来说是具有新闻价值的，经过舆论发酵，会对政客及候选人的仕途产生影响。

政治糗事在美国政治史上有着悠久而传奇的历史。1984年8月11日，里根在发表每周广播演讲前，没有意识到麦克风已经打开了，在全国都可以听到他的声音的情况下，里根说："我的美国同胞们，今天我很高兴地告诉你们，我已经签署了一项法案，俄罗斯为非法国家，我们将在五分钟之后开始对其轰炸。"鉴于当时正值冷战高峰期，这番言论在美国民众间引发了恐慌，也在俄罗斯当局引发了恐慌。万幸的是事后两国政府都把这句话理解为一种拙劣的幽默尝试，一场战争才得以避免。2008年，乔·拜登（Joe Biden）在密苏里的一次竞选活动中，临时脱稿开始现场发挥，得知当时的哥伦比亚参议员查克·格雷厄姆（Chuck Graham）也在现场，拜登决定要认识一下格雷厄姆参议员，便喊道："查克，站起来，让人们看到你！"拜登的请求让在场的每个人都陷入了尴尬，因为格雷厄姆参议员是一位坐轮椅的残疾人。

政治糗事的生成逻辑本质上与政治展演的符号化操控机制存在结构性张力。尽管这类事件并未纳入政治主体的前台表演系统，但由于其较难伪装，便无法避免，这种不可避免性恰恰根植于戈夫曼所指出的"给予—流露"悖论（戈夫曼，2008）。政治糗事的破坏性根源在于以下三重解构效应：一是预期框架的断裂，糗事通过突破政治脚本预设的符号秩序，暴露前台展演与后台认知的裂隙；二是媒介逻辑的异化，媒体基于冲突性、反常性、戏剧性的新闻机制标准，通过符号解码与传播共振，将微观事件升维为宏观合法性危机；三是认知图式的重构。政治糗事违背了政治家们的自我呈现预期，甚至可以干扰到政治家们的政治愿景呈现。

4.4　政治进程中的情感任务

情感劳动，即根据工作需要对员工进行情绪管理，是组织传播中的重要组成部分（Hochschild，1983）。服务行业和职业角色中的个人在与他人互动时，需要根据组织机构所提倡的特定表现规则来压抑、伪装或增强情绪（Hochschild，2003）。对情感劳动的研究在各学科领域都有所开展。然而，政治家们在政治传播中所需要的情感劳动在很大程度上却被忽视了。

4.4.1　情感劳动与情绪调节的内涵

霍赫希尔德的研究建立在戈夫曼的分析基础上，他认为人们常常进行策略性的表演行为，文化脚本施加给人们的影响如果不是异化性的就是压力性的（特纳，斯戴兹，2007）[30]。霍赫希尔德指出，社会的情感文化构成了一系列人们在不同类型的情境中应如何体验情感的复杂观念。这种文化将从情感意识（emotion ideologies）上对基本行为的适当的态度、感受和情绪反应给予限制。在任何具体的情境中，都有两种基本类型的规则：一种是感受规则（feeling rules），如在聚会中体验到快乐，在葬礼上感受到悲哀；另一种是表达规则（display rules），规范在特定情境下表现社会期望情绪的一套规则，如在葬礼上的哭和聚会中的笑（特纳，斯戴兹，2007）[30]。霍赫希尔德分析的关键之处在于：个体怎样应对文化规则和意识，特别是当文化脚本强迫个体参与唤醒消极情感的行动时。

于是，霍赫希尔德针对人们在情境中需要保持自我展示以符合情感意识、感受规则和表达规则而提出了情感劳动（emotional labor）的概念（Hochschild，1983）。她认为，当人们被期望将情感表达作为其工作任务的一部分时，他们所进行的工作即情感劳动。涉及情感劳动的工作角色包括：需要与他人直接接触（面对面或声音对声音）；期望职员对他人产生一种情感状态；允许组织通过监督和培训，对职员的情感活动进行控制。霍赫希尔德、拉法里和萨顿（Hochschild, Rafaeli & Sutton, 1987）认为，职员对他人产生的最大影响可能就是如何表现情绪，比如服务人员对待顾客时的态度对后者的消费体验有直接影响。因此，当员工的预期情绪与实际情绪状态不一致时，他们需要调节情绪。例如，对服务员的要求是"微笑服务"，即使他们当时并未真实体会到一种积极的情绪（Edelman & van Knippenberg, 2016）。

情感劳动内化着两种独特的情绪调节策略。一种是表面调节（surface acting）。这是指当你表达一种情绪时，实际上并没有经历这种情绪，你需要潜在地抑制另一种情绪。例如，当服务人员向顾客表现出喜悦的情绪时，他实际上有可能是在生气。表面情绪调节策略需要压抑真实的情感，让人戴上一副面具，表现出工作所需要的情感。因此，此时的情绪调节是情感表现本身。相反，另一种是深层情绪调节。在使用深层情绪调节策略时，情绪调节处在实际情感发生之前的活动中。深层调节将人带入一种状态，在这种状态下，一个人实际体验到了他需要表达的情感。因此，深层行为需要在情感真正发生之前进行调节。通过深层次的调节，一个人改变了情感体验的情境。为了使其需要的和真实的感觉保持一致，人们可以将注意力引向符合情境的情感记忆（emotional memory），即所谓的注意力部署（attentional deployment）（Edelman & van Knippenberg, 2016）。以一个例子来说明深层情绪调节：一个领导者需要在某个项目启动前通过表达积极和自信的情绪来激励团队，而他刚刚听说公司将在未来的一段时间内裁掉一部分管理人员。为了深入地表现自我，领导者可以将注意力转移到成功的记忆上，让自己真正感到积极和自信。除了转移注意力外，人们还可以重新评估情况（认知变化），以诱发所需的情绪（Grandey, 2000）。也就是说，这位领导者可以将他所面对的情况重新组织并设想为一个令人兴奋的机会，通过这个机会向领导和团队展示能力。

4.4.2　媒介传播中的情感劳动框架

在民主进程中，选民面对着如何投票的抉择、面对着不同政党之间的选择，依据之一是候选人的性格（character）（Richards，2004）。对美国选民来说，候选人是否可信任是一个关键性问题。然而，这种信任的因素如今变得越来越个性化，由于美国选民可以依赖的文化和制度结构越来越少，所以仅仅具有信任政治家的能力是不够的。因此，政治领导人愈加承担着将自己塑造成具有值得信任的内在品质的任务。

在这里要引入埃克曼（Ekman）的情感神经文化理论（neurocultural theory of emotion），该理论将人类情感表达的普遍性和文化特异性结合在一起。一方面，神经指的是面部表情程序，它描述了基本情绪（幸福、愤怒、惊讶、恐惧、厌恶、悲伤、兴趣）与这些情绪相关的面部肌肉独特运动之间的关系（Ekman，1972）。另一方面，文化的影响可能出现在以下几个范畴：情感的诱发者——事件、期望、记忆，等等，会因文化而异；展示规则——文化使规范和价值观多样化并得以依据社会环境控制面部表情；情绪激发的后果，比如面部行为、面部或身体的行动模式、言语行为、生理变化等（Ekman，1972）。

政治人物的情感劳动是通过媒介进行传播的，简单来说，他们在情感劳动中的情感表现是指在媒体上表现情感的行为。以电视为例，电视屏幕呈现人的脸或身体，观众可以看到表情。在电视传播的系统中，电视文本被嵌入了一种沟通的情境之中。一边是"发声者"，如政治人物、导演、编剧等；另一边是"接受者"，即观众。在节目中，发声者的主要意图是使接受者从情感层面参与其中。首先，发声者可以在宏观情境中安排社会情境或涉及不同社会角色的微观互动。其次，与生活中的社交情境不同，在宏观的媒体传播情境中，发声者具有强大的审美手段和戏剧工具，如叙事、缩放、剪切、视觉效果、音乐、布景设计等。发声者可以使用各种工具来设定和过滤某种情绪，呈现给接受者。例如，在叙事性方面，发声者可以从戏剧的角度，通过人们之间的关系、期望、记忆等形式让人们产生不同的情感。在媒介传播中，政治人物借助审美和戏剧性的工具，拥有了更多情感表达的可能。

在这个框架中，我们可以看到情感劳动的生产者、电视文本和观众都嵌入在相同的文化语境中。通过埃克曼的理论，我们能够预测，文化可能会影响审美和戏剧因素的使用，影响情感劳动生产者为刺激情感而安排的微观互动。文化也可能定义情感展示的规则，导致情感表演者在微观情况下降低或夸大某些情绪，同时，文化可能影响情绪诱发者，从而影响情绪诱发者的情绪唤起。通过这个框架，我们可以清楚地看到政治人物在进行情感劳动时需要考虑到的影响因素，在此基础上更好地设计表演脚本，进行情感呈现。

对情感劳动的理论聚焦并不意味着社会正处于意识形态的终结，而是揭示了政治文化形态正处于一种变革之中，即情感转向。这种转型的本质在于，传统基于抽象理念的意识形态体系正经历与个体心理情感的结构性耦合——情感品质的系统性评估（如共情力、情绪稳定性与真诚度）逐渐被制度化为政治合法性的构成要素。在此过程中，政治主体、政策纲领与选民之间形成三重压缩效应，致使美国政治选票变为实用主义考量、意识形态认同和情感共鸣的复合博弈。

在此情境下，政客们有了一个明确而重要的任务——"情感劳动"的表演，他们承担着制度化情感劳动的双重使命：其一，通过面部表情管理建构角色，成为情感型领导者、表现型领导者或任务型领导者（Parsons & Bales，1955）；其二，在理查兹（Richards）所揭示的"表达性（expressivity）与自发性（spontaneity）"悖论中寻求平衡（Richards, 2004），既要展演精心策划的"情感真实"，又要遵循公共领域的情绪伦理规约。

领导人的感情角色具有一种全新的特质，有了这种认识，就有了更大的选择余地，也就有了以某种方式有意识地管理感情以达到某种结果的空间。这种文化逻辑赋予政治情感角色以新的本体论属性：政治主体不仅是国民经济的技术治理者，更是国家情感储备的符号管理者。政治领导人需要进行情感诊断，即通过民调数据和社交媒体情绪分析感知公众的焦虑，并对集体焦虑作出回应。政治舞台越来越需要关注情感管理，政治家及其公关团队也积极地参与某些类型的情绪劳动。这种努力塑造了一种创造性的政治传播方式，并将政治的核心职能重新定义——运用政策修辞与视觉展演对公众情绪进行象征性纾解、借助流行文化符码实现政治话语的日常生活渗透。

4.5 媒介文本的情感表演：以竞选广告为例

4.5.1 竞选广告的发展概述

20 世纪 80 年代开始，30 秒插播广告（30-second advertisement spot）成为美国电视广告的主要形式（Kern, 1989），并从 1980 年美国总统大选开始成为塑造候选人形象的主要手段（Lakoff, 2004）。电视广告是美国大多数现代政治选举中试图说服潜在选民和动员潜在性支持者的主要手段（Goldstein & Ridout, 2004）[205]。简单来说，政治广告的目的就是赢得尚未决定的选民的支持，或敦促支持者去投票。作为一种主要的传播方式，竞选活动将大部分资金用于电视政治广告也就不足为奇了。政治广告有一个终极目标，即在特定的话题和问题上说服选民并获得选票（Goldstein & Ridout，2004)[207]。

前马萨诸塞州州长米特·罗姆尼（Mitt Romney）为参加 2008 年的总统选举，截至 2007 年 10 月就已经播出了 1 万多条广告，耗资 860 万美元，这对总统竞选来说是一个惊人的纪录。在新媒体技术初兴的 20 世纪 90 年代，比尔·克林顿开创性地将脱口秀、音乐录影带等非传统媒介形态整合进总统竞选的广告宣传体系，这些竞选手段成功地引起了年轻选民的注意。克林顿的竞选团队通过《乘坐巴士与比尔同行》等多媒体叙事实验，首次系统化实现了选民互动场景的媒介化重构，标志着政治广告从单向宣教向参与式传播的范式转型。

但谈及现代政治广告，改变游戏规则的人则是奥巴马。很少有政治家能比奥巴马更有效地利用 Web 2.0 环境的新功能。在 2008 年总统竞选期间，候选人奥巴马将数字平台整合为竞选战略核心，通过官方竞选网站、You-Tube 视频平台、博客及 Facebook 社交网络构建起多维互动体系，实现在线筹款、政治组织和战略传播的深度融合。在具有历史意义的 2008 年大选中，奥巴马竞选团队创新地使用社交媒体，在对年轻人投票的动员方面发挥了尤为关键的作用（Baumgartner & Morris，2010）。

尽管奥巴马依旧在传统媒体上投放一些负面广告，但他的竞选口号是建立在一个积极的信息基础上：希望。奥巴马成功地利用了互联网和游击广告（guerrilla advertising）的形式。美国洛杉矶当代街头艺术家谢帕德·费尔雷（Shepard Fairey）为奥巴马创作了一幅风靡全美的标志性海报。这幅海报被视为一种流行文化现象，在 2008 年大选期间吸引了数百万人的注意。他运用现代手段，再加上年轻及魅力的优势，使他的老对手、传统的共和党候选人约翰·麦凯恩相形见绌。2016 年，特朗普成功击败希拉里赢得大选，也是游戏规则再次被颠覆的一年。特朗普将推特（Twitter）作为接触选民和宣传自己的主要方式，这种手段被证明是有效的。

随着媒介技术的迭代升级，政治广告的形式日益多元化。但其核心传播策略始终围绕两类主题展开：一是通过塑造候选人形象，传递政策主张来争取选民支持的正面广告；二是通过揭露对手弱点，制造负面联想以削弱对手竞争力的负面广告。这种二元对立的传播模式不仅重构了选民对候选人的评价维度，更通过情感操控与信息筛选机制，潜移默化地影响其决策逻辑。在 2006 年中期选举中，80% 的政治广告是负面的，比 2004 年的选举上升了 60%（Teinowitz，2006）。在 2002 年 3 月，布什总统签署了《两党竞选改革法案》（*Bipartisan Campaign Reform Act*），法案要求候选人、政党和利益集团必须对竞选广告的内容负责（Patterson et al.，2005）。这份改革法案通常被称为 "支持你的广告（Stand by your Ad，SBYA）免责声明"，候选人必须在广告中以清晰可辨的声音读出声明，同时附上自己的照片，照片尺寸要求占垂直屏幕高度的 80%。这样做明显是为了达到减少政治竞选中消极情绪的目的（Patterson et al.，2005）。

4.5.2　竞选广告的情感叙事

对于竞选广告的研究，大部分集中在选民观看政治广告后如何形成对候选人的偏好。政治广告可以提高不知名候选人的知名度，吸引新选民，将候选人与特定的人口统计群体联系起来，并且可以帮助选民了解候选人性格特质或政治立场（Kaid，2002）。研究表明，选举期间无处不在的电视政治广告也可以提高选民对政治问题的知识储备（Brians & Wattenberg，1996）。

叙事本质上是人们讲述的故事（Shen，Sheer，Li，2015）。叙事的有效性源于它们作为改变信念和态度的说服工具的隐性作用。近年来，叙事在政治广告中的使用频率呈上升趋势。政治广告的播出平台包括电视和候选人的网站，有些广告是专门为互联网制作的，通过上传到候选人的 YouTube 频道供人观看。总体来说，竞选广告分为三种叙事类型：自传型、选民故事型和感言型。

叙事在人类历史上有着悠久的传统，一直被用来表达有说服力的信息或改变态度、改变信仰。叙事信息通常以讲故事、感言（testimonials）、举例和娱乐教育的形式进行传播（Hinyard & Kreuter，2007）。叙事的目的通常是娱乐，因此受众不太可能产生反驳和抗拒的情绪。叙事通常会涉及情感，因此它们的内在信息更容易被接受（Green & Brock，2005）。

作为影响叙事的重要机制，"传输"（transportation）是指"故事的注意力、意象和感觉的融合过程，形成一个融合的叙事世界"（Green，2004）[247]。当个体回到现实情境中后，之前被改变的态度和信念仍然能够保留，此时人们做出判断的依据是情感而非信息的逻辑分析。由此，叙事可以使读者在心理上参与，并产生更强烈的情感反应（Green & Brock，2000）。与苍白的信息相比，政治广告的叙事中包含的生动信息随着时间的推移会更令人难忘，这是因为叙事往往传递了其他个体的事实或貌似真实的经历，而这些经历是很难反驳或忽视的（Shen et al，2014）。由于受众没有意识到这类叙事信息其实是一种说服性的尝试，所以他们降低了情感境界和认知水平。

选举期间有线电视节目的喧嚣令选民产生审美疲劳时，一种另类的消遣方式悄然兴起：观看竞选广告。2008 年希拉里·克林顿的竞选广告《凌晨 3 点》（3a.m），便以一场精心编排的"政治剧场"成为经典案例。这条广告以深夜熟睡的孩童为视觉锚点，配合"电话骤响"的悬念设置，旁白抛出核心诘问："全球危急时刻，你们希望谁执掌国家？"这则时长仅 10 秒的短片，通过具象化的危机场景与希拉里沉稳的镜前姿态，成功塑造出"危机管理者"的候选人形象。尽管最终希拉里在党内初选中败给奥巴马，但该广告被学者评价为"继承了里根式广告的戏剧张力"。

这种评价源于两个广告在叙事策略上的深层相似性。里根 1984 年的《美国的早晨》以晨曦中的田园风光、升旗仪式等意象，构建出"美国复兴"的乌托邦愿景，其旁白"这是美国的早晨，是希望的早晨"成为政治传播范本。两条广告均以情感共鸣代替政治辩论，通过极具张力的瞬间捕捉公众注意力。

2016 年，传统的付费广告在美国大选中没有发挥核心作用。原因之一是特朗普认为自己不需要付费广告，因为他有丰富的有线新闻台的"免费媒体"报道。此后几个月，让共和党传统战略家感到恐惧的是，特朗普真的几乎没有做任何电视广告。之后的民调显示，希拉里·克林顿的支持率平均上升了 2.6%，这个结果让特朗普团队谨慎起来，并在竞选的最后两周投入数百万美元广告费纠正之前的广告失衡。对 2016 年收视率最高的 12 条竞选广告的研究中发现，负面广告的影响力大于正面广告，在 12 条广告中有 8 条是负面的具有"攻击性"的广告，只有 4 条是纯粹的正面广告。

共和党负面广告《手无寸铁》（*Defenseless*），以迷你剧的方式讲述了一个女人在深夜的家中听到闯入者的声音并准备报警，广告旁白告知观众：别让希拉里夺走你自卫的权利。这条广告播出之后引发了人们对希拉里将要实施没收枪支政策的担忧。民主党负面广告《榜样》（*Role Models*）的目标受众是那些在选票中举棋不定的父母，广告中的孩子们听到了电视里特朗普的那些"疯狂"言论。"孩子们在看，什么样的人会成为他们的榜样？"这句旁白的情感诉求效果对为人父母的选民一击即中。

这两条叙事广告，呈现出负面广告两种典型的运作逻辑：以候选人个人品质为核心的形象广告与以政治议题为焦点的政策广告。形象广告通过塑造候选人的道德品质或生活化场景传递"值得信赖的领导者"形象；政策广告则聚焦具体政策立场，通过数据对比或案例呈现强化差异化竞争。在诉求机制层面，政治广告普遍采用情感诉求与逻辑诉求的复合策略。情感诉求通过恐惧、希望等情绪杠杆引发共鸣；逻辑诉求则依赖数据论证或权威背书构建说服力，但研究显示其说服效果常被情感诉求稀释。

值得注意的是，形象广告与政策广告虽同属负面广告范畴，但呈现差异化的情感依赖特征。形象广告更倾向于通过"道德化叙事"触发选民的愤怒或厌恶，而政策广告则常利用"政策焦虑"激发选民的危机感。这种差异印证了政治广告作为"文化脚本"的本质属性——通过符号编码将复杂政治议题转化为可感知的情感体验。

4.6   本章小结

本章从拟剧理论视角切入，深入剖析了美国政治视觉传播中领导人的表演性实践及其对民主进程的深层影响。研究指出，在新媒体技术重构传播生态的背景下，政治传播已突破传统"统治—劝服"的线性模式，转而通过象征性行动的视觉编码实现与公众的情感互动。这种表演性实践不仅包含对个人形象的精心设计（如肢体语言、场景选择），更涉及对公共议题的情感动员策略，例如通过"危机代理人"符号系统构建政治权威。

研究强调，数字媒介的情感赋权机制在此过程中发挥关键作用。一方面，新媒体模糊了公私边界，使私人化的情感表达得以进入公共领域，形成"情感公众"的集体认同；另一方面，社交裂变加速了情感传播的病毒式扩散，例如短视频平台通过"用户生成内容"将政治议题转化为可感知的情感体验。这种传播范式使政治领导人能够通过"舞台化表演"（如竞选广告中的危机场景构建）实现与受众的即时互动，其效果远超传统媒体时代的单向说服。

值得关注的是，这种情感劳动策略对民主参与产生双重效应。一方面，通过激发愤怒或希望等情绪，显著提升投票率与政治参与度；另一方面，过度依赖情感动员可能削弱公共讨论的理性基础，导致民主质量感知下降。研究建议，在追求传播效能的同时，需警惕技术工具对政治正当性的消解，例如通过强化事实核查机制与情感引导策略的平衡，维护民主协商的公共性。这种理论视角为理解数字时代的政治传播提供了从"表演策略"到"民主生态"的全景分析框架。

第 **5** 章

回忆与记忆：空间文本的视觉生产

近年来，公共历史研究领域经历了一场深刻的"记忆范式转型"（memory turn），这一转向以哈布瓦赫（Halbwachs）"集体记忆"理论的重释为起点，衍生出文化记忆（cultural memory）、交往记忆（communicative memory）等核心概念，逐渐成为人文学科分析历史重构与身份认同的重要工具。记忆成为公共历史、数字历史、社交媒体和传统媒体领域的话题，这种研究趋势折射出后现代语境下目的论（teleology）叙事的式微，转而强调通过当下对过去的创造性回归实现历史意义的再生产。

作为典型的空间化叙事文本，博物馆通过精心设计的空间生产机制，将记忆塑造与身份认同紧密绑定。其修辞结构中，空间设计不仅是物理载体的呈现，更是文化编码的实践场域——即通过记忆的塑造完成一种认同。本章以1960年肯尼迪与尼克松之间的一场"伟大的辩论"（The

Great Debates)❶为具体案例，使视觉修辞在政治记忆建构中的作用得以凸显。这场首次通过电视媒介呈现的"政治剧场"，通过情绪、图像、空间三种维度阐述视觉力构建文化和政治记忆的独特方式。这种视觉修辞实践印证了阿斯曼夫妇关于"建筑作为记忆媒介"的论断——政治领袖的身体形象、空间场景与媒介技术共同构成记忆编码的三元体系。

5.1　记忆相关概念间的关系

5.1.1　文化记忆与集体记忆

1925 年，莫里斯·哈布瓦赫（Maurice Halbwachs）将记忆置于社会语境中，他认为集体记忆是社会建构的，这为他日后关于集体记忆的研究设定了概念上的界限。根据哈布瓦赫的理论，记忆作为一种社会过程，是由多种因素决定的，其中最主要的是有生之年内的记忆（lived memory）。扬·阿斯曼（Jan Assmann）不同意这一观点，他以分析和方法论范畴建构文化记忆，这一范畴与政治学有着极为密切的联系。文化记忆是一种通过文化实践而制度化的习得记忆，它与国家认同及政治密不可分。

在《集体记忆与文化认同》（*Collective Memory and Cultural Identity*）一文中，阿斯曼将集体记忆（阿斯曼也称之为"交往记忆"（communicative memory）及其社会基础与文化记忆及其文化基础区分开来，主要表现在两个方面的关注：一是"交往性"（communicative）或"日常记忆"（everyday memory）文化特征的缺失；二是记忆不同于历史，历史没有记忆的特征。

---

❶　"伟大的辩论"一词源于当时的 NBC 董事长罗伯特·萨诺夫(Robert Sarnoff)发给肯尼迪和尼克松的一封电报。1960 年 10 月 5 日,也就是第二场辩论的前两天,萨诺夫在旧金山的一次演讲中,也用到"伟大"一词。

　　阿斯曼认为集体记忆和文化记忆之间的区别是基于这样一个事实，即集体记忆，也就是交往记忆，是源自日常生活的，与这种个体间的日常记忆不同，文化记忆是代际间或跨代际的，是建立在过去重大事件的基础上的，通过文化的形构（图像、文本、仪式、纪念碑）和制度的传播（背诵、实践、遵守）来维护被他称为"记忆的形象"（figures of memory）这个锚点。文化记忆的功能是统一和稳固一个跨越多代际并不易改变的共同身份，在这点上它与三代一循环的集体记忆不同。因此，通过制度和艺术来展现历史成为一种实践，一种为寻求社会稳定而进行的固化叙事的转换。

　　在阿斯曼之后，文化与记忆的相互关系作为一个基本且核心的议题以跨学科的研究视野涌现出来，内容涉及记忆的形式、载体、语境和功能的研究，呈现在历史、文学研究、电影和媒体研究、数字人文记忆研究、社会学、文化研究等多学科研究当中。文化记忆概念的重要性除了从 20 世纪 80 年代末以来有关文化记忆的出版物持续增长中得到证明之外，该领域呈现的不同研究方法的整合趋势也对其重要性进行了佐证。

　　在传播学视角下，媒介通过两种叙事方式塑造集体记忆：一是通过对重大事件的报道，使人们通过媒体了解到无法亲身经历但可以"目击"的媒介事件，以实现社会认同；二是通过多种形式，媒体进行历史再现，选择性地进行报道，扮演着"公共历史学家"的角色（Kitch，1999）。

5.1.2　政治记忆与象征边界

　　政治记忆在现代美国国家治理中展现出双重功能维度：一方面，它通过重构集体记忆的符号系统（如历史事件、仪式实践、文化符号）构建社会认同的纽带，成为维系群体凝聚力的核心资源；另一方面，政治记忆通过制度性框架（法律法规、教育体系、纪念仪式）将历史经验转化为政策合法性依据，成为美国国家意识形态合法化的关键工具。

政治记忆概念的学术溯源最早可以追溯到阿莱达·阿斯曼（Aleida Ass-man）对文化记忆理论的深化研究。阿斯曼在《回忆空间：文化记忆的形式和变迁》中提出，政治记忆来源于文化记忆，是文化记忆的特殊形态，其核心特征在于与政治权力运作和制度实践的深度绑定。阿莱达·阿斯曼（Assmann，2006）认为，政治记忆有三方面的功能：①维护某些政治团体（如社会运动、政党或国家）；②创造这些群体成员的政治认同，强化他们积极的自我形象；③支持并使政治目标和战略合法化。虽然政治记忆的概念假设了通过文化人物动员形成群体认同或加强体制的重要性，但它在社会现实中缺乏对其机制层面的规范。对此问题，阿斯曼（Assmann，2006）是这样解释的，政治记忆创造的群体认同是通过文化记忆的规范成分（canonical components）❶ 间接促成的，这些规范成分能够形成某个群体、制度或事件的积极形象。它通常通过对胜利和失败的描述而产生，这些描述刻画了被描述者的英雄主义和道德力量。

为了更好地了解政治记忆如何影响政治目标的合法化，以及如何形成和维护集体身份认同，就需要引入象征边界（symbolic boundary）的概念（Hall & Lamont，2013）。象征边界是通过调动政治记忆而形成和维持的，它们在使政治实践合法化和形成各种社会群体的身份认同方面发挥着关键作用。

象征边界是由文化社会学家米歇尔·拉蒙特和维拉格·莫尔纳（Michele Lamont & Virag Molnar）在2002年提出的关于人们如何形成社会群

---

❶ 规范成分是建立在少数规范性和格式化的文本、地点、人物、人工制品和神话之上的，这些成分注定在不断更新的展示和表演中积极地传播和交流（Assmann，2008a）[100]。除此之外，规范成分受到某些共同体的高度重视，并且可以贯穿整整一代人的时间。

体的理论：象征边界❶是"社会行动者在概念上作出的区分……将人们分成不同的群体，并产生群体成员及在他们之间持有一种相似的感觉"（Lamont & Molnar，2002）。随着研究的延续，社会参与者的分类扩散到物体或实践活动，乃至时间和空间（Lamont，Hall，2013；Lamont 2012）。象征边界强调了某些参与者、群体和事物是由象征性的边界来界定的，而其他参与者、群体和事物则可能被排斥。这导致人们将个体分为成员和非成员，分为"我们"和"他们"，为诸如"你是谁""他们是谁""我们是谁"之类的问题提供了答案，从而创造出群体认同的核心（Tilly，2006）。

象征边界的核心表达方式是规范性禁止，包括禁忌（taboos）、个人态度、喜爱与怨恨的模式（patterns of affection and resentment）（Lamont & Molnár，2002），通过故事叙事强化群体间认知区隔。查尔斯·蒂利（Charles Tilly）指出，边界合法化的叙事类型与策略常引发政治博弈，使其成为持续引发争议的政治议题。

拉蒙特（Lamont，1992）将象征边界划分为三种类型：①道德边界。通过英雄主义叙事和伦理评价构建公平认知，例如对忠诚、责任等价值的强调，形成个体对"应得"与"不应得"的判断基准；②社会经济边界。以财富和权力等资源占有量为分类标准，形塑阶级身份认同，如职业地位

---

❶ 与其非常相似的另一个分析框架是荷兰学者 Teun van Dijk（2006）提出的意识形态的概念。该理论认为意识形态可以通过构建群体共享的"基本信念体系"，为身份认同提供认知框架，其核心功能在于通过语言符号系统强化群体间的差异性。相较而言，象征边界理论更聚焦行动者通过组织架构和内容生产所形成的动态位置区隔。二者的核心差异在于：意识形态理论强调语言符号对群体凝聚力的建构作用，而象征边界理论更关注物质载体与符号实践的交互作用。这种差异在本研究中尤为关键：由于本研究对象聚焦影像媒介（如总统演讲、候选人辩论）作为特殊行动者位置的符号实践，且分析重点在于通过象征资源激活群体间的认知区隔，因此选择象征边界理论作为主要分析工具。意识形态理论虽能解释政治话语中的价值共识，但其对语言符号的过度倚重使其难以充分解释影像媒介的空间叙事策略。

的层级化认知；③文化边界。基于教育水平、审美偏好等文化资本差异划分群体，例如对高雅艺术与通俗文化的价值区隔。这些象征边界并非个体随意构建，而是根植于特定社会结构中的文化储备库（conventional cultural repertoire）（Tilly，2006），即共享的价值评价体系与叙事资源。政治记忆作为文化储备库的重要组成部分，为边界塑造提供历史合法性依据。值得注意的是，记忆资源的运用存在策略性差异：道德边界更依赖文化符号的象征意义激活，而社会经济边界常与物质资源分配直接关联。

政治记忆作为政治行动的核心工具，其建构与运用深刻影响着象征边界的动态调整。蒂利（Tilly，2006）指出，政治家通过激活或消解一个社会群体中的象征边界实现政治目标。例如总统及具有话语权的政客运用历史叙事重构道德合法性，或通过政策调整模糊社会经济分类。这种策略性操作揭示了记忆的双重功能：既可作为合法性工具强化国家共同体认同，也可作为干预手段处理内部群体边界问题。政治记忆的实践路径体现为对文化储备库的创造性调用，通过周期性纪念活动、影像符号等载体，将历史经验转化为政治行动的合法性基础。

5.2　视觉表现的政治意义与情感记忆

一直以来，美国传统电视媒介通过影像画面直观呈现候选人的言行举止，成为选民评估其能力、领导力与道德操守的最佳媒介。这种以视觉符号为载体的传播模式，通过特写镜头、肢体语言等细节强化刻板印象，使抽象的政治评价转化为具象化的视觉认知。

随着数字技术的发展，互联网时代的视觉传播呈现多模态融合特征：电视新闻的动态影像、纸媒图片的静态符号、社交媒体上的碎片化视觉叙事共同形塑选民对候选人印象。这种跨媒介的视觉实践不仅重构了政治传播的时空维度，更通过符号聚合效应放大了政治记忆的传播效能。本节从三个维度解析视觉政治的运作逻辑：新闻图像通过选择性呈现构建政治权威性，例如领导人视察灾区的影像叙事强化责任担当形象；政治家的表现力则依赖肢体语言、表情管理等视觉修辞策略，如演讲时的手势设计传递力量感；总统博物馆等空间装置则通过文物陈列、场景复原等视觉叙事，将历史记忆转化为集体认同的象征载体。这些视觉实践共同构成政治传播的"符号炼金术"，在技术赋能与文化规训的双重作用下，持续塑造着美国现代民主政治的认知图景。

5.2.1 情绪视觉表现的政治判断功能

社会神经科学的研究表明，面部是人们获取他人信息的核心感知通道。面部表情不仅能构建他人对我们的整体印象，还能触发对他人性格特征的自动化推断（Hassin & Trope，2000）。例如，喜悦或愤怒的面部微表情会激活大脑中与情绪识别相关的区域，这种快速判断机制可能源于人类进化过程中对生存威胁的敏锐感知。在政治领域，学者发现政客们的面部特征与公众对其能力的判断存在显著关联。托多罗夫等人的研究表明，选民仅凭头部特写照片即可对候选人的可信度、统治力等特质作出评估，且这种判断的准确性甚至超过随机概率（Todorov et al.，2009）。具体而言，面部对称性、宽高比（WHT）等生理特征常被用于推断攻击性或领导型倾向，例如 WHT 较高的男性被认为更具支配性（Olivola & Todorov，2010）。

值得注意的是，这种基于外貌的判断具有无意识性和即时性。巴柳和托多洛夫的实验显示，人们在 39 毫秒内即可通过面部表情形成对政治人物性格的初步认知，并据此评估其执政可靠性（Ballew & Todorov，2007）。这种"以貌取人"的倾向在选举场景中尤为显著：AI 分析显示，面部特征与责任心、外向性等人格特质的关联预测准确率可达 58%（Yildirim et al.，

2020），而选民对政治领导人"典型长相"的认知甚至跨越了文化差异。

因此，与新闻报道中的口语叙事或书面表达所作出的政治呼吁相比，政治领导人通过电视转播的面部表情可以引发更高等级的情感反应和态度转变。这个研究结果支持并巩固了传播学者约书亚·梅罗维茨（Joshua Meyrowitz）的观点，即作为政治传播主要模式的电视能够改变评判政治领袖的标准。过度紧张的表现不仅会分散人们对政策立场的注意力，还会损害传播者的可信度。电视及网络视频等通过特写描绘和反复曝光能够放大不得体的非语言政治行为的负面影响。因此，对政治领导人的评价不仅取决于语言信息，还取决于非言语表达，尤其是面部表情（Bucy，2011）。

根据候选人的面部表情（facial appearances）和表现力展示（expressive displays）推断出的结论会影响后续信息的处理（Todorov et al.，2005），非语言行为的得体是一个重要的考量因素。情感适宜性（emotional appropriateness）可以看作在非语言传播中指向外部环境的一种情境特征（Cupach & Spitzberg，2007）。也就是说，政治领导人发展有效的电视传播风格的能力取决于他们得体的非语言情感。电视化的领导人表现，包括目光、眨眼频率等，都会对候选人的能力评估产生影响。一项对2004年乔治·布什和约翰·克里总统辩论的研究发现，布什的高频眨眼和异样的眨眼模式被观众判断为他过于紧张的决定性因素（Stewart et al.，2004）。

表现力作为政治传播的核心要素，具有显著的预测效度——既能塑造公众对领导人的正向评价，也可能引发负面认知。因此，这种"视觉政治"机制使电视化领导行为成为塑造公众认知的关键变量。

5.2.2　图像视觉表现的情感记忆功能

图像作为情感与潜意识的直接载体，其力量源于不可控的情绪潜能，促使部分群体将图像视为优先的记忆媒介，认为其比文本更能抵抗表象的虚妄。相较于文本的开放性与解释空间，图像兼具封闭性与限定性：既可完全封闭自身，又可能通过视觉符号的密集编码超越文字的叙事边界。

图像的记忆效能具有生物学与文化双重根基。神经科学研究表明，人类大脑对动态图像的处理速度比文字快 6 000 倍，右脑通过视觉符号激活的情景记忆效率比语义记忆高 3 ~ 10 倍。这种视觉图像的记忆功能，可以追溯至古希腊古罗马时期：柏拉图在《斐德罗篇》中将文字视为记忆的"阴影"，而古罗马记忆术通过"意象系统"构建视觉记忆网络，将抽象概念转化为可触摸的图像符号。这种记忆术作为修辞学的亚系统，发展了一套视觉的记忆文字。它是纯表意的，即意象（imagines）。能动的意象，可以理解为积极的或有效的图像，对于古罗马记忆术来说它比文字还重要，这并非源于它的自然性或直接性，更多是归因于它内在的记忆力量。记忆术中的图像的强烈情感力量不仅被释放，而且被肆意地工具化。

图像作为记忆的原始编码形式，其存在依赖于语言对记忆的符号化加工。这种非语言的视觉记忆模式，与文字共同构成人类认知的双重隐喻系统：文字通过线性叙事构建记忆的逻辑框架，而图像则以空间化的视觉符号直接激活记忆的神经网络。"银版照相术"的发明，首次将"曾经在此"的瞬间转化为物质实体——那些被定格的光线轨迹，既是对客观现实的机械复制，也是对主观记忆的具象化锚定。

罗兰·巴尔特曾称照相术的魔法可以让死者起死回生，这种本体论意义指明：照片不是现实的简单模仿，而是"被照相对象的光线溢出，从一个曾经存在的现实物体上出发的光线，到达存在于此时此地的我的身上"（罗兰·巴尔特，2011）。这种物质性的光影印记构成了一种超越时空的记忆媒介，照片不仅承载了物理层面的影像信息，还包含着被拍摄者的生命状态印记，这种双重性使照片超越传统记忆媒介的线性局限，成为"过去瞬间在当下持续存在的痕迹"（阿斯曼，2016）。

图像作为集体记忆的视觉符号系统，通过挖掘文化心理深层的认知图式与情感联结，不仅重构了公众对新闻事件的感知框架，更以多模态传播优势超越文字叙事，成为触发集体记忆的核心媒介。这种视觉政治的运作逻辑表明，新闻图像通过"感知—情感—行动"的认知路径，实现了对受众记忆的深层重构。

5.2.3　空间视觉表现的记忆维护功能

芭比·泽利泽（Barbie Zelizer）提出，集体记忆的形成本质上是共同体通过具体化回忆取代个体记忆的动态过程，这种以"集体取代个体"的记忆重构机制，解释了文化权威与群体认同的深层关联（Zelizer，1995）。博物馆作为空间视觉的表现形式，是展示、表达和维护集体记忆的典型空间媒介，因为它们代表了一种特殊的、基于地点的记忆修辞行为（Blair，2010）。首先，物理空间通过展品陈列构建记忆锚点，将碎片化文物转化为系统化历史叙事；其次，配套文本与空间设计构成记忆编码体系，通过叙事逻辑将个体经验升华为族群共识；最后，观众在参观过程中的具身感知激活记忆网络，使文物承载的情感价值超越语义记忆。

然而，记忆建构机制暗含权力博弈。凯文·赫瑟林顿（Kevin Hetherington）提出的"陈列制度"（display regimes）揭示了博物馆作为"历史修辞文本"的本质：通过"叙事和排序逻辑"向参观者展示一个或多个历史时刻的修辞文本（Herrington，2006）。

博物馆通过选择性展品组合、叙事排序和空间政治学，将特定意识形态嵌入集体记忆。从学者关于美国国家民权博物馆、美国大屠杀纪念博物馆等空间视觉修辞的研究成果来看，博物馆是通过有选择性的展览来为参观者诠释创造的意义，博物馆具有重现历史甚至重造历史的功能（Dickinson et al.，2005）。博物馆积极促进对历史的解释，创造对历史的公众记忆，并对当下如何理解历史、文化和社会产生影响（Bergman，2003）。

在美国，总统图书馆与附属博物馆构成独特的文化政治空间，既是前总统档案文献的保存机构，也是其政治遗产的视觉化展演平台。这些机构通过系统化的展品陈列，如公文手稿、私人物品和外交礼品等，将总统的政治生涯转化为可感知的叙事符号。展馆约 30% 的展品由支持总统的私人基金会资助。这些博物馆为总统竞选和总统任期内的政治议题提供了大量的空间，但"私人筹建、政府管理"的模式，使博物馆成为政治记忆建构的"双刃剑"——既通过实物展陈强化历史连续性，也可能因赞助方立场影响叙事客观性。

在 2013 年乔治·布什总统图书馆与博物馆的落成典礼上，比尔·克林顿的幽默评论揭示了这种空间的本质属性："前总统们为改写历史而进行的永恒斗争最奢华的一笔"（Clinton，quoted in Glanton）。这种"改写"通过三个维度实现：一是策展团队运用时间轴、主题分区等空间叙事策略，将碎片化档案转化为连贯的政治叙事；二是通过互动装置和多媒体展陈，激活参观者的政治想象；三是建筑空间本身成为意识形态载体，直接映射政策理念。以创造和保护总统的遗产为工作目标的总统博物馆，不仅是美国历史教育的场所，更成为美国政治动员的延伸，成为讨论政治记忆的最佳视觉空间之一，持续塑造着美国的政治认知图景。

5.3 视觉化空间文本的记忆建构：以总统博物馆为例

5.3.1 作为媒介事件的"联合出场"

1960 年 7 月 25 日，当时美国全国广播公司（NBC）和哥伦比亚广播公司（CBS）一起发出了一份电报，邀请民主党内提名人约翰·肯尼迪（John

Kennedy）和共和党内提名人理查德·尼克松（Richard Nixon）参加一系列"联合出场"（joint appearances）活动。20世纪50年代末的美国媒体正处于声名狼藉的智力竞赛节目丑闻❶之中，民众对广播电视日益商业化怨声载道。为了扭转这种局面，各大电视台都提出免费为候选人提供宝贵的电视黄金时段用于候选人出镜的公关策略。

尼克松和肯尼迪在1960年的首次总统辩论，因其开创性地将候选人置于镜头前直接交锋，被公认为"美国政治的历史性时刻"。这场辩论不仅打破了传统选举中候选人仅通过文字与广播间接互动的模式，更通过视觉媒介重构了政治传播的权力结构。自此，美国开启了电视政治辩论的时代。时至今日，电视辩论已成为美国政治舞台上的固定节目。它为美国政治家提供了一个媒介，让公众有机会实时观看总统候选人的行为和反应，从而对候选人进行对比。选民可以从辩论中获得有关候选人政策立场的有用信息，但这些信息是否倾向于关注候选人的形象和沟通风格，而不是实质性的政策陈述，目前还没有定论（Mckinney & Carlin，2004）。但无论关注焦点是政治议题还是候选人形象，总统辩论对选民态度有显著影响，甚至可能是影响选民决定的最重要因素。

有人将政治辩论称为"联合出场"（joint appearances），并指出这是一种照本宣科的表演，而不是互动性的辩论过程。电视营造了全国性或国际性的信息环境，电视辩论这一媒介事件通过竞赛、征服的脚本构建权威性和合法性。有学者认为这种媒介事件属于"伪事件"，美国政治历史学家丹尼尔·布尔斯廷（Daniel Boorstin，1962）在他的著作《图像：美国的伪命题指南》一书中首次提到"伪事件"（pseudo-event）概念，伪事件用来形

---

❶ 1955年，CBS推出一档高额奖金的智力竞赛节目，随之开启了美国智力竞赛节目的热潮。NBC效仿制作了《21点大满贯》（Twenty-One），该节目在美国家喻户晓。1958年，之前参加过节目的选手公开揭露，大赛的结果都是人为操纵的。于是，美国大陪审团和美国国会听证会介入调查，查实了智力竞赛节目暗中作弊的事实。

容政治活动和新兴的明星文化中出现的劝服性图像。总统电视辩论被视为可以客观评估的独立事件（Drury & Herbeck，2004），是不断演变的政治意识的一部分，这种政治意识代表着集体记忆和美国政治文化观念的变迁。

20 世纪 60 年代，电视还是一个相对较新的媒介，当时有 60% 的成年人，约 7 700 万人观看了肯尼迪与尼克松之间具有决定作用的第一场辩论❶（Jamieson，1988）[120]。选举投票当天，64.5% 的合格选民投出了 6 900 万张选票，肯尼迪以 11.3 万票的微弱优势领先。当时收看辩论的观众人数众多，导致人们认为电视辩论起到了决定性作用。一直有观点认为竞选辩论确实"使人们的知识和认知发生了变化，因此，它会影响竞选结果并且强化民主进程本身"（Pfau，2002）。

1960 年 9 月 26 日，美国历史上首次总统候选人电视辩论拉开帷幕。肯尼迪提前 24 小时抵达芝加哥，获得了充分的休息与准备时间，专业团队为其完成了皮肤养护与妆容设计。尼克松则在辩论当天的凌晨时分才抵达芝加哥。当时的辩论电视画面是以黑白画面播出的，而演播室背景是灰色的，尼克松的灰色西装几乎和背景融为一体，为了掩饰其脸上的胡茬，一名工作人员在尼克松脸上涂了一层粉底（Pietrusza，1960），使他因持续低烧与密集竞选行程导致的憔悴面色更加苍白。相较之下，肯尼迪在他的深蓝色西装下则塑造了一个更加鲜明的形象，塑造出"阳光运动员"般的健康形象。西奥多·怀特（Theodore White）在其获得普利策奖的著作《1960 年总统的诞生》（*The Making of the President* 1960）一书中写道："在美国政治史上，也许不会有任何一张照片能够比这张副总统的照片更好地讲述危机和小插曲了，尼克松无精打采地站着，未刮净的胡茬配上夹杂着汗水的遮瑕

---

❶　在这里需要交代一下 7 700 万观看人数的时代背景。2008 年美国总统竞选奥巴马和麦凯恩之间的首场辩论观众只有 5 500 万人。1960 年时，90% 的美国家庭有电视机，但是由于没有有线电视和电影频道等，可供选择的电视节目有限。这意味着当时的美国人，要么选择收看肯尼迪与尼克松的电视辩论，要么就关掉电视。

粉，眼神空洞得像黑暗的洞穴，下巴、面颊和整张脸都在压力下耷拉下垂着。"（White，1973）[316] 现有关于肯尼迪与尼克松第一场电视辩论的研究几乎都认为，尼克松的形象外貌是他输掉选举的决定性因素。肯尼迪赢得了关键的第一场辩论和总统任期，因为他认识到了电视时代政治的本质。尼克松输掉了辩论和选举，因为他未能适应这种强有力的全新传播媒介（Mehltretter & Herbeck，2010）。

对此，在尼克松总统博物馆和肯尼迪总统博物馆关于电视辩论的介绍中存在巨大差异，对参观者关于电视辩论的政治记忆形成也产生了不同影响。对这场历史性的辩论，尼克松博物馆侧重表述这场辩论之所以重要只是因为它开启了电视政治竞选的时代，而肯尼迪博物馆则浓墨重彩地将这场辩论描绘成肯尼迪的光鲜时刻，一场壮观的、决定性的交锋。

5.3.2 总统博物馆对政治辩论的空间体验结构

政治辩论的记忆是流动的，总统博物馆为公众对这些事件的文化意义和政治价值的公共争论提供了成熟的修辞环境。总统博物馆作为一种视觉修辞的空间文本形态，通过巧妙地操纵物理空间、文本和人工制品等元素形成了关于政治历史的叙事，并可以对政治辩论、集体记忆的本质及政治话语中实质和表象之间的复杂关系提供全新见解。

在讲述同样的政治场景时，肯尼迪博物馆和尼克松博物馆让参观者有关辩论的记忆形成存在着巨大差异，从象征边界概念对政治记忆的界定来说是可以被理解的。两家博物馆就辩论中"真正"发生了什么展开一场实质性的争论，这对民众理解政治运动和美国政治文化产生重要影响。博物馆以一定的技巧使用实物与符号组成发散性的文本，为参观者构建一个主题，进而以修辞学的方式构建了关于这场辩论的政治记忆。

尼克松博物馆

尼克松博物馆位于美国加利福尼亚州的约巴林达（Yorba Linda），由 22 个展厅组成。对于 1960 年总统竞选的介绍，博物馆专门设置了一条走廊，有尼克松和肯尼迪的照片及文字介绍。参观者从这里走出去到达一个开阔的空间，有一张双座沙发和一台老式黑白电视机，电视机循环播放着 1960 年肯尼迪和尼克松之间的电视辩论。

展区位置之偏僻、灯光之昏暗、电视屏幕之小，沙发与电视的距离之远、电视画面的清晰度之差，都印证着尼克松博物馆在空间陈列上试图淡化这场辩论的意图。为了进一步降低第一次辩论的重要性，尼克松博物馆为参观者提供了一个体验辩论现场的机会。参观者走进一个模拟电视直播间，老式电视机播放辩论视频，营造出现场气氛，但内容是碎片式的循环播放，参观者只会把视频片段下意识地归为背景。

如今，在尼克松博物馆的网站上，有一项名为"美国第 37 届总统的 37 个事实"的栏目，其中第 10 条写道："1960 年，尼克松仅以 11.3 万票之差惜败肯尼迪。直到今天，这仍是历史上票数最接近的一次选举。"

肯尼迪博物馆

肯尼迪博物馆位于马萨诸塞州波士顿，有一个两层的展览空间。展览区展出了大量与 1960 年竞选活动相关的展品，空间宽阔。与之相邻的是一个模拟的电视演播室，一盏"播送中"（ON AIR）的指示灯亮着。直播间内有两个辩论台，两张小桌子，上面各放着水壶和玻璃杯。中间摆放的是辩论主持人的桌子和椅子，空间布局上几乎是对 1960 年辩论的电视演播室的原景重现。辩论场地上方的两个角落各有一台电视机，播放着一段六分钟的辩论视频以营造直播气氛。

这段 6 分钟的视频，首先是辩论主持人的开场白，接下来是肯尼迪的发言。为了保持辩论的形式，视频节选了尼克松的开场白。肯尼迪的发言将近一分钟，而尼克松的发言不足 40 秒。

在肯尼迪博物馆的展览中，肯尼迪凭借高超的宣传技巧赢得了辩论和选举。博物馆挑战了视觉表象叙事，将这场"伟大的辩论"描绘成一场媒介事件。

政治修辞依赖于各种象征性的行动来促进观众的理解，如演讲、照片、声音和视频的结合。这种行动通常包括戏剧性的展示，并使观众被动地接受信息、教训、价值观或意识形态。当代总统职位越来越关注那些能让总统成为政治领袖的壮观场面。总统是国家大戏中的主角，公众把希望、恐惧和信任寄托在他身上。肯尼迪博物馆的展览把肯尼迪描绘成这样一位领导人：他的智慧、自信和野心使他在辩论和竞选中获胜。

总统博物馆已经成为阐释和推广历史的强大平台，影响了民众当下对竞选和政治的看法。总统博物馆定义并持续地塑造民众对与该总统相关的集体记忆。

5.4　本章小结

当空间被视作生产性文本时，空间修辞便成为解码政治记忆的核心议题。文学作品、叙事电影、互联网社区、仪式展演与媒体等，共同构成当代记忆争夺的符号化"战场"，其本质是通过视觉修辞策略实现记忆的编码、维系与重构。从集体记忆，再到文化记忆、政治记忆，对于记忆的建构，视觉表现相比文本叙事，具有更强的直观性与穿透力：政治家的微表情可即时触发选民的政治判断，历史图片能激活集体情感记忆，而空间场景则通过建筑语汇与光影设计完成对记忆的具体固化。

　　电视辩论作为媒介事件，能够塑造美国民众关于政治的认知，但随着时间的推移，这段历史逐渐褪色时，年轻一代如何去了解或"体验"过去？历史记忆的存续面临代际衰减的挑战。当年轻一代通过数字媒介接触历史时，总统博物馆通过空间叙事机制提供沉浸式体验：建筑空间以历史文物为锚点，结合时间轴设计、多模态展陈与互动装置，将碎片化记忆转化为可感知的叙事体系。这种空间修辞实践，实质是通过物质载体与视觉逻辑重构历史认知框架，使政治遗产转化为可触摸的文化资本。

第 **6** 章

对抗与抵抗：事件文本的话语与情感结构

图像事件是指由图像符号所驱动并建构的公共事件，即图像处于事件结构的中心位置，而且扮演了社会动员与话语生产的主导性角色（刘涛，2017a）。对抗与抵抗，不仅指传统媒体及政客对公共事件的叙事框架与公民的叙事框架之间的关系，也包含公民在政治参与过程中对主流意识形态的话语表达与情感态度。图像事件最大的特点是流动性，因此对事件文本的分析不是静态的，而是要将其放置于实践中。本章将以互联网模因为研究对象，从概念解读出发，结合相关理论和具体案例论述事件文本的话语意义与情感结构。

6.1 数字时代的模因及文化政治属性

6.1.1 互联网模因的意涵

英国进化生物学家理查德·道金斯（Richard Dawkins）从文化与人工制品的病毒式传播和突变的问题为思考基点，发明了模因（meme）一词，于1976年出版的《自私的基因》中首次提出。作为基因（gene）与模仿（mimesis）相结合的新词汇，模因用来描述数字内容的快速传播、复制和模仿，它是一种通过模仿而得到传播的文化基本单位（道金斯，2018）[217]。"在网民的本土式（vernacular）话语中，'互联网模因'这一标签通常用来描述笑话、谣言、视频等内容基于网络的人际传播"（Shifman，2013a）[2]。模因最早传播于亚文化小众圈子，伴随着互联网文化现象，近年来在主流文化的语境内大放异彩，被视为数字文化或参与文化的典型代表（袁雪，2019）。所以，在数字领域，模因与互联网模因逐渐成为同义词。具体来说，互联网模因被广泛应用于各种新奇的观点或现象，包括书面文本、图片、语言或其他文化形式呈现的想法（Knobel & Lanshear，2007）。世界知名的模因网站有 Know Your Meme、4chan、Reddit 等。模因不仅可以在平台线上被观看和制作，与其相关的周边产品，如服装、海报、马克杯、抱枕等在平台线下也具有很好的销量。

近年来，互联网模因研究大量涌现，但其理论框架在数字文化与视觉文化研究中的适用性问题仍面临学界争议。南加州大学传播学教授亨利·詹金斯（Henry Jenkins）认为将具有生物学隐喻修辞特征模因应用于文化生产和传播是不恰当的。因为以生物学或流行病学的类比来定义互联网模因，会将网民降为精神病毒的被动接受者，而不是文化的主动生产者（2009）。然而，互联网模因的政治维度与"被动接受者"这一观点背道而驰，因为用户在参与模因制作与传播时凸显了他们挑战政治权威、媒体话语和主导意识形态方面的能动性。

对于该质疑，以色列耶路撒冷希伯来大学的传播学副教授丽茉·希夫曼（Limor Shifman）在《数字文化中的模因》（*Memes in Digital Culture*）一书中回应："在分析模因时，没有必要考虑生物学。对某种环境的复制（replication）、改编（adaptation）和适当性（fitness）的分析可以采取纯粹的社会文化视角。"（Shifman，2013a）[12] 希夫曼从传播学的角度论证了这一点：在一个人际与大众、专业与业余、自下而上与自上而下沟通界限模糊的时代，在一个媒介平台趋同的时代，内容从一种媒介迅速流动到另一种媒介，模因与传播学的关系更加密切。

根据希夫曼的观点，模因可以视为一组文本或文本集合，而不是单个或离散的"文化单位"。希夫曼将互联网模因定义为"（a）一组具有内容、形式或立场等共同特征的数字物品；（b）它们在互为认知的前提下被创造；（c）是许多用户通过互联网传播、模仿或改造的"（Shifman，2013b）[41]。根据这一定义，提供"边缘群体的另类表达路径（alternative routes）"（Shifman，2013a）[173]。

6.1.2　模因作为新兴的文化景观和政治参与形式

模因具有多种类型，如图片、视频、流行语等。按照模因所表达的内容题材来分，模因可以分为娱乐和政治两大类。前者主要通过幽默来获取观众笑声，后者主要表达不同意见或政治焦虑。本章以政治模因为主要讨论对象。

"政治模因，一部分以幽默的方式建构，而另一部分则是以极其严肃的方式构建。但无论他们情绪如何，政治模因都是为了表明自己的观点——参与一场关于世界应该是什么样子及如何达到这个目的的最佳途径的规范性辩论。"（Shifman，2013a）[120] 在媒介融合、网络传播与用户生产内容构筑的数字生态中，政治模因已成为美国权力博弈的关键载体。它通过观念编码、价值转译与日常实践的三元互动，重构了当代美国政治话语的生产范式——既作为抵抗权威的"去国家化武器"，又成为意识形态渗透的"软性殖民工具"。

政治模因通过数字操控、图像并置（image juxtaposition）和讽刺幽默三大手段构成了一种"视觉论据"的形式（Hahner，2013），巧妙地将流行文化与政治融合在一起，具有娱乐性和尖锐性。在美国政界，签署一系列行政指令作为总统任期的开场仪式是很典型的。对于特朗普来说，他的个人喜好就是在镜头前展示每一份行政文件，这个行为巩固了部分美国民众关于特朗普执政的一个言论：一个自恋者在统治着美国。

2025 年，特朗普政府针对"打击走私"和"非法移民"出台政策文件，相关举措引发北美供应链震荡。特朗普在社交媒体发布的政策宣传视频中，背景选用了美加墨边境的标志性建筑——和平门，但画面中的门框却被刻意遮挡，隐喻某种关系的解除。该政策引发的震荡在互联网上转化为解构性模因创作：有网友将特朗普签署政令的照片与电影《冰雪奇缘》中艾莎公主的冰雪魔法结合，配文"让美国再次冷冻盟友关系"。这些模因通过戏谑性视觉修辞，将复杂经济政策转化为具象化的冲突。

由此可见，在模因内容上，政治模因常通过流行文化符号重构政治场景，向政治议题发起挑战，其所具有的政治潜力，提高了"普通公民在更大的场域表达、传播、交换意见，以期改造社会的能力"（Jenkins，2009）。互联网模因利用媒介平台和视觉影像技术以一种高效的方式发挥作用。在设计上，政治模因以夸张醒目的标题、标准模式化的字体、幽默或冲突的素材并置、文本间的互文性为特征。此外，互联网模因还经常采用电视画面的传统形式，例如电视谈话节目中常见的分屏技术（split-screen），经常应用在不同政治理念和观点之间的政治辩论时，以表现戏剧化的对抗。在模因的设计制作上，常以分屏的方式展示两个场景的隐喻。

6.2 视觉化事件文本的实践话语

模因一类的视觉化事件文本，作为一种参与式文化，取材于公共议题，并在数字空间以独特的创造性重新配置话语模式。

6.2.1 新闻报道框架：警察 vs 抗议者

在美国新闻报道中，抗议活动和抗议者是新闻图像中常见的形象。社会运动与新闻媒体"深深地交织在一起"，新闻媒体的主要作用是报道，甚至触发社会运动（Donohue，1973）。之所以如此，从新闻价值的角度来看，是因为抗议活动能够呈现出戏剧性的视觉效果，很容易符合新闻价值中具有冲突性的要求，抗议活动中所引发的冲突可以归因于社会运动问题的情感本质或社会运动对重大媒体报道的渴望（Jasper & Poulsen，1995）。

社会运动中的成员可能通过发起抗议的方式获得媒体的关注，从而让更广泛的公众知晓某一特定问题。但研究表明，抗议报道，尤其是带有激进信息的报道，可能最终会损害公众对此类运动、社会问题及抗议者本身合法性的认知（McLeod & Detenber，1995）。具体来说，美国新闻报道经常把抗议者描绘成社会的障碍或社会的异常分子，报道内容只关注经济损失和行为的合法性问题，而忽略了议题的道德层面（Gitlin，1980）。事实上，在关于政治参与的新闻报道中，已经形成一种抗议范式（protest paradigm）作为大多数报道的基础，最终都会将事件引致"警察 vs 抗议者"的框架，而不把此类问题当成一个急需公众关注的社会问题。

新闻报道是如何通过报道引起对示威者和社会问题的负面评价的？这需要关注报道所采用的框架。第一种是信息框架（message frames），信息框架可以对社会和文化现象进行解释、定义并赋予意义。艾特曼（Entman）认为媒体框架"选择感知现实的某些方面，并使它们在传播文本中更加突出，从而促进特定问题的定义、因果解释、道德评价或治疗建议"（Entman，1993）[52]。选择和强调故事的某些方面的过程必然导致排除其他方面（Gitlin，1980）。所以，公共事件报道通常被新闻工作者以冲突和偏离现状的方式加以框定（Gitlin，1980）。第二种是嘲讽框架。该框架是由休梅克（Shoemaker，1982）提出的，这种框架的新闻报道效果使公共事件参与者或社会运动在新闻消费者眼中失去了合法性，并认为这种框架效应可能仅仅是由新闻报道中对事实的选择及记者使用标点或语调造成的。

近年来，美国新闻媒体在关注公共领域中的议题时，逐渐开始呈现一种"同情"的情感结构，这种在"同情"政治的报道中体现了一种结构层面的权力不平等，这导致底层群体少有进入媒体发言的机会。媒体在对底层痛苦的归因上，经常建构一种"非正义的"框架，那就是让公众产生一种愤怒的情感。同样，在媒体所指向的社会行动上，政府、制度和资源配置都成为变革的对象。在政治权力不平等的结构中，底层民众的痛苦激发的媒体同情和关切是比较微弱、短暂和偶然的，媒体难以对底层公众保持持续的关注和持久的同情。

6.2.2　视觉导向框架：冲突与异常

新闻工作者通过相关职业训练学会依据冲突（conflict）去寻找故事和框定新故事，因为冲突是一种新闻价值（Gitlin，1980）。公共事件中的抗议运动，本质上是要解决冲突，尽管冲突并不一定以暴力的形式出现。所以，以冲突镜头为行动导向通常是新闻报道中视觉化的一个目标。当抗议运动演变成暴力事件时，相关的视觉效果便符合了"好新闻镜头"（good news footage）的定义（McLeod & Detenber，1995）。因此，即使大多数抗议活动不是暴力的，单独的暴力事件也很容易成为视觉文本的框架。

新闻工作者具有寻找异常性的人或异常性的事的职业技能。所谓的异常性新闻（news of unusualness），经常以抗议者为素材，将其当作异常分子，并对其外貌和行为进行描述。记者往往以客观之名，从官方信源中寻求和引用关于抗议话题和冲突的原声片段（sound bites）。官方态度通常与抗议者相对立，所以官方对抗议运动的解释经常是负面的（Shoemaker，1982）。

梅罗维茨（Meyrowitz）认为，电视等以视觉为导向的媒体鼓励观众依靠非语言或面部表情来判断问题。在传统媒体中，视觉图像的出现能够引起人们对新闻故事文本的注意，特别是当图像显示的是一种敌对的情绪时，传递出此类情绪的视觉形象可以增强人们对信息的回忆和新闻价值的感知（Zillmann et al.，2001）。艾扬格（Iyengar，1991）认为，新闻图片往往代表一个情境，而不是一个问题。新闻的主题框架可以影响观众对新闻当事人进行责任认定，如犯罪、恐怖主义、贫困、失业和种族不平等的主题，观众会以惯有的认知进行判断。

视觉的力量可以影响观众对社会问题的看法。对于新闻报道中的视觉效果，有学者认为，经常出现在新闻报道中的情绪化或有害的（noxious）图像相比语言或文本信息更容易给观众留下持久的记忆（Gibson & Zillmann，2000）。布罗休斯（Brosius，1993）提出了一个分层递阶的长期过程理论：情绪化的视觉信息能够刺激对视觉本身的注意力。如果读者或观众无法从故事文本中回忆起细节，他们就会从视觉记忆中寻求细节（McLeod & Detenber，1995）。

6.2.3　话语意义模型：编码与解码

从文化研究视角来看，模因是一项重要的文化文本再分配的社会实践，它可以复制或质疑主流意识形态。互联网模因的使用体验为人们提供了创造文化和媒介消费的乐趣。从某种程度上说，互联网模因是一种意识形态实践，因为"意识形态是某一特定历史文化表述的归化（naturalization）"（Grossberg，1986）[67]。因此，"模因看似是琐碎的和世俗的人工制品，但它们能够影响深层的社会和文化结构"（Shifman，2013b）。模因是如何影响社会及文化结构的？对于这个问题，需要将斯图亚特·霍尔（Stuart Hall）的编码/解码（encoding/decoding）模型作为分析工具。

霍尔的理论受到葛兰西、阿尔都塞、威廉斯和福柯等人的影响，他将对受众的符号学研究与媒体的政治经济学和后结构主义关于话语、权力和意识形态之间关系的思想联系起来（Grossberg，1986；Kellner，2002）。编码/解码模型，也被称为"意义"话语的节目模型（图6-1）。不同于罗兰·巴尔特的经典符号学研究路径，霍尔将符号学范式置于社会框架之中。因此，在分析电视话语时，霍尔将关于特定媒体文本的意识形态是如何被协商和再生的深度调查微观路径与关注系统性和结构化因素的宏观路径相结合，使大众媒介传播具有了话语层面的背景。

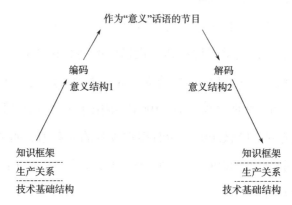

图6-1 作为"意义"话语的节目模型（Hall，1999）[510]

图6-1中意义结构1的过程是电视话语意义的生产过程，即编码阶段。制作一个节目必须有技术基础结构、包含广播电视制度结构的生产关系，以及关乎生产应用的知识，在这些基础上，电视节目的生产开启电视话语

意义的生产，并在一个开放的系统中流通。电视作品作为一个开放且多义的话语系统，流转到意义结构 2，即观众的解码阶段，该阶段同样依赖三大基础。但两个意义结构并不相同，编码与解码的符码系统也并不一定完全对称。因为，不同的观众都有自己偏爱的解释框架，意义是由图像在社会、文化、政治和经济不同语境下的解释，以及如何制作图像的专业知识共同组成的（殷强，袁雪，2018）。

在将该模型应用于新媒体研究时，即研究新媒体在特定背景下的特定社会实践问题时，技术基础设施是非常重要的。数字媒体技术的特征是互文性、移动性或多模态等，这些特征也是基于互联网平台的模因所具备的特征，这意味着互联网模因由一个相对一致的符号建构而成，是互联网流行文化话语意义的一部分。

模因的编码过程是由多个用户完成的。与其他流行文化的在线文本相同，互联网模因不是由市场、媒体或政党直接生产的，而是由普通用户创作的。它们是对已经存在的媒体文本，如照片、电影截图、视频或海报等的视觉混搭，并在互联网上集体制作、发布和流通。因此，作为一种混合形式的媒体内容，用户复制这些文化产品并以数字技术创建新的含义，进而在互联网上传播。

互联网用户生产模因的动机也许各不相同，但从雷蒙·威廉斯的一段关于意义的解读中可以看出："它们包含普通的、日常的文化实践，因为它们属于流行文化和政治领域，并且是一种流行的公共资源（Williams，1958）。这种公共资源应该被理解为整个社会都应该拥有访问权和使用权的资源。"（Boyle，2008）[38]

在新媒体环境下，编码的含义发生了变化。编码被理解为一个共同塑造信息读取的过程。在霍尔的生产、分配、流通、使用、消费话语链的每个阶段，都是相对独立的，但每个环节又都限制了下一环节解释的可能性。在网络流行文化中，各个阶段的循环都比以往更加频繁。模因如何，以及在何地被阅读和重新分配的社会背景是多样化的。因此，模因潜在的去文本化使其具有了流行网络内容的话语意义。

6.3 视觉化事件文本的"情感结构"

6.3.1 "情感结构"的动态概念

从文化路径研究出发，为了探究新闻文化更具人性化的维度，我们可以将目光转向情感在文化生产中的作用。威廉斯提出的"情感结构"概念是用来确定情感是如何将文化系统化的。威廉斯认为，影响社会生活的结构性力量是以情感的方式表达出来的。这个概念让我们能够考察公民的参与式文化是如何在感觉和情感层面表达出来的。

雷蒙·威廉斯在 1954 年与迈克尔·奥罗姆（Michael Orrom）合作的《电影序言》（*Preface to Film*）中，第一次使用了"情感结构"（structure of feeling）一词，用来描述人们对生活的整体感受。威廉斯认为电影这种全新的戏剧形式可以让艺术家尽情地表达自身的经验，但这个意义得以实现的前提是，艺术家与观众之间必须建立一种默契，默契与否或默契的程度直接取决于二者是否共享相同的"情感结构"。威廉斯认为"情感结构"深深置于我们的生活之中，它无法被简单地提炼和概括，只能存在于一种整体经验被认识和交流的艺术中。

在《漫长的革命》（*The Long Revolution*）（1961）中，威廉斯讨论了存在于中产阶级的一种集体情绪，即"不稳定和债务"。这种集体情绪超越了当时的虔诚、节俭和节制（piety，thrift and sobriety）的理想和价值观。威廉斯以他的总体性文化观念为基础将"情感结构"的使用范围扩大到社会批判领域。他把"情感结构"定义为"一个时期的文化：社会总体中所有成分的特殊的现存结果"。在《马克思主义与文学》（*Marxism and Literature*）中，

"情感结构"成为对文化进行动态分析的工具，因而正式成为一个文化理论的术语（Williams，1977）。

一方面，"情感结构"可以是社会历史的——也就是说，特定的历史时代是一个过渡时期，主导思想、社会形态、思想和情感都受到新出现的观念的挑战，这是旧事物被新事物所挑战而表现为变化和分裂的时期，新事物也许是由于艺术的发展而产生的，也许是由于经济等方面的重新配置而产生的。这些变化超出了理性解释的范畴，人们可以从情感上感受到它们，并达到了一种情感和情绪层面上的变化，这种变化无法轻易被结构分析理解。这适用于今天的传统媒体与新兴媒体并存的状态：新闻生产和保留其权威性的旧形式正遭到新兴新闻形式和新兴生产者的挑战。

威廉斯的"情感结构"也可以在个人层面得以感受——个人以其生活经历成为文化的共同创造者。这一层面考察的是一个人如何应对正在发生的较大型的社会变化，比如，这如何适用于生活，以及一个人如何对这些变化作出贡献，相对于这些变化个人立场是什么。因此，"情感结构"反映了人们如何从情感层面回应、反映和生产文化的一种磋商。在这种情况下，"情感结构"是专业价值和新闻工作的特定背景的反映。

6.3.2　图像作为情感集合的潜力

对于威廉斯提出的"情感结构"——即特定社会群体共享的动态经验模式，德勒兹在情感研究的成果中也可以找到相似的观点——媒体是由情感和认知组成的"感觉联盟"（blocs of sensation）（Colebrook，2002）。德勒兹的"感觉联盟"亦揭示了媒体作为"感觉—意义"生产机器的本质。图像作为一种视觉媒介能够生产情感和认知，这种情感和认知同时也来源于感知主体。例如，以 2017 年世界新闻摄影奖（World Press Photo Award）的获奖照片，瓦蒂姆·吉尔达（Vadim Girda）的《越境的移民》（*Migrant*

Crossing）为例。这张照片捕捉到一种特殊的社会经验及在特定情境下的感受。照片中的难民们正在穿过希腊边境小镇伊多梅尼附近的马拉雷卡河，他们面带痛苦和绝望的神情。照片展示了沮丧或恐惧的情感，但不同的观众对于解码也存在着来自文化内化条件所引起的不同。对于"感知"的问题，无关是谁在感受它。这是一种通过艺术和媒体展现的集体感觉，它不是私人化或者异质化的。

从情感、媒介与传播的关系来看。首先，我们关注媒体传达的情感本身。宾夕法尼亚州立大学的哲学教授克莱尔·克尔布鲁克（Claire Colebrook）曾说："我们似乎除了情感之外就没什么能消费的了。"克莱尔认为，媒体是营销情感的主要案例（Colebrook，2011）。无独有偶，美国韦恩州立大学的英文专业教授史蒂夫·沙维罗（Steven Shaviro）也认为，媒体是生产情感和将情感资本化的机器（Shaviro，2010）[3]。媒体能够感动和触动受众，"能够以表达对外界的看法（声音或者影像）和独立的敏感性渗透到我们的社会中"（Shaviro，2010）[2]。

追随威廉斯和德勒兹的理论脉络，视觉媒介研究需突破传统静态分析框架，将"刺激、约束和语气"等动态要素纳入情感结构解码体系。这些均是揭示视觉图像表达某种集体感觉的强有力的方面。在新媒体时代，互联网用户与媒体生产者之间的身份界限模糊了，所以，用户在模因制作时注入的情感也成为视觉化事件文本的情感结构分析的对象。

6.4 视觉化事件文本的情感与话语：以政治模因为例

隐喻认知是对模因进行视觉修辞分析的基本方法，但只是简单地通过隐喻来认知话语又是单一的，因此，从情感结构理论出发，将模因置于社会语境中分析可以对视觉修辞得出更具有意义的结论。本节选取"辣椒喷雾警察"模因与"我有一架无人机"模因作为案例。

6.4.1 "辣椒喷雾警察"模因的情感结构

2011 年 9 月 17 日，美国纽约近千名抗议者进入纽约金融中心华尔街，以占领华尔街为目标进行了一系列的示威游行活动。"占领华尔街"运动的核心是控诉美国日益严重的贫富差距，其抗议口号"我们是 99%"引发了公众关于经济差距、人权与自由的讨论。

当"占领华尔街"运动延伸至校园时，作为高等学府密集地的加利福尼亚州成了学生运动的中心。加州大学戴维斯分校的学生在校园聚集静坐以抗议学费上涨。为了驱散学生，校园警察约翰·派克（John Pike）对席地而坐的抗议学生使用了辣椒喷雾。照片的拍摄者路易斯·马卡贝塔斯（Louise Macabitas）将校警约翰·派克向抗议学生使用辣椒喷雾的照片上传到社交网站 Reddit 上，这张校方暴力恐吓学生的照片迅速引来了大量指责。随之而来的是互联网用户将派克的形象并置在不同的档案素材当中，其中 Reddit 网站上点击量最高的一幅图片是将派克不协调地放在了约翰·特朗布尔（John Trumbull）的著名油画作品《独立宣言》（*Declaration of Independence*）中。

《独立宣言》的要义在于"生命、自由与追求幸福"（life, Liberty and the Pursuit of Happiness）。派克向《独立宣言》喷射辣椒水的行为挑战了美国传统价值观中关乎人类自由的观念，意味着对人类自由本质的攻击。互联网用户通过将派克放置在某个特殊历史场景中传达某种情感结构，并对观众起到说服作用。这种情感结构正是导致"占领华尔街"运动发生的社会结构性力量。

正如雷蒙·威廉斯在《漫长的革命》中将中产阶级的一种集体情绪描

述为"不稳定和债务"，在当代美国，贫富差距较大也成了除精英阶层之外的一种集体情感。当代美国社会以牺牲多数人利益为代价，只关注少数人的物质利益，这也是口号"我们是99%"的现实基础。《独立宣言》描述了人人生而平等，人们被赋予不可剥夺的生存权、自由权和追求幸福的权利。政府有义务维护这些权利，警察作为国家机器的代表，是现代体制化权力的象征，用辣椒水摧毁《独立宣言》意味着现代社会的权力机构并没有维护人民的基本权利，《独立宣言》赋予人民在政府不作为时将其废除的权利，而"占领华尔街"运动的示威游行则是人们微弱的发声渠道。

6.4.2 "我有一架无人机"模因的话语隐喻

2012年1月30日，奥巴马首次公开承认在巴基斯坦开展了秘密无人机行动。虽然奥巴马政府表示，无人机暗杀行动的目标是那些对美国国家安全构成重大威胁的人，但在实际行动当中，伤亡中多数是无辜民众，这让美国政府陷入外界指责的漩涡当中。

2012年7月，美国平面艺术家威廉·班扎伊（William Banzai）创作了"我有一架无人机"最初版本。班扎伊选取马丁·路德·金在1963年华盛顿游行演讲时的一张档案照片，并通过蒙太奇手法（photomontage）将奥巴马的头部替换掉马丁·路德·金的头部，以观众熟悉的历史画面间接唤起对黑人民权领袖的联想。人群上空出现了一架无人机，奥巴马的手指向远方，似乎正在下令向中东地区发动无人机战争。

2013年1月16日，进步新闻网站共同梦想（Common Dreams）发表了一篇由诺曼·所罗门（Norman Solomon）撰写的题为《金：我有一个梦想；奥巴马：我有一架无人机》（King：I Have a Dream. Obama：I Have a Drone）的文章。文中具有讽刺意味地批判了奥巴马的无人机战争，并将单词"无人机"套用进马丁·路德·金的经典表述"我有一个梦想"。同时配以马丁·路德·金在华盛顿游行时演讲和奥巴马在竞选期间演讲的对比照片，并以标准字体强化了"我有一个梦想"和"我有一架无人机"的新闻话语对比。

将奥巴马与马丁·路德·金并置并非所罗门首创。早在2004年，时任伊利诺伊州参议员的奥巴马在民主党全国代表大会上发表了一场主题演讲。自此以后，人们就开始将奥巴马和马丁·路德·金相提并论。奥巴马就任之后，媒体对其任期内的报道也经常间接提及马丁·路德·金。在2008年总统竞选期间，奥巴马经常提及自己被马丁·路德·金的精神鼓舞。媒体记者也随之附和，大量新闻报道逐渐放大了奥巴马与马丁·路德·金在人格魅力、演讲修辞和政治决策上的相似性。

值得说明的是，马丁·路德·金的"我有一个梦想"民权运动口号本身即是一个模因，而当所罗门提出"我有一架无人机"（I Have a Drone）时，后者成为前者的"反文化模因"（countermeme）（Shifman，2013）[130]。"我有一架无人机"与颠覆广告❶（subvertisements）中使用的反文化模因手段类似，颠覆了以往媒体叙事中将马丁·路德·金和奥巴马在演讲修辞上的对等。

模因习惯从流行文化中借鉴素材，"我有一架无人机"也并不例外，名为"无人机游戏"的模因模仿了HBO热播的政治阴谋题材的魔幻电视剧——《权力的游戏》（Game of Thrones）的海报。无人机飞过的土地满目疮痍，而奥巴马则笑着坐在宝座上，手指悬停在红色按钮上。"无人机游戏"以富有成效和煽动性的方式使政治与流行文化产生交集。

---

❶ 颠覆广告(subvertisement)是指通过对商业广告和政治广告的模仿或恶搞以支持反消费主义意识形态(Harold，2007)。通常手段为窜改企业商标或广告语、对现有影像进行修改等。颠覆广告也可以被称为模因骇客(meme hack)，是社交黑客或文化干扰行为的一部分。反文化和颠覆广告的支持者——加拿大杂志《AdBusters》对此的评价是："一个精心制作的'颠覆'模仿了目标广告的外观和感觉，'颠覆'会造成认知失调。它会打破消费文化的介导现实，揭示更深层的真相。"

当下的美国，政治冷漠和犬儒主义破坏了基本的民主进程。公民的政治参与度处于历史低点。然而，正如许多研究表明的那样，流行文化，尤其是在数字媒体时代，需要以一种新的思考方式去看待政治参与（Bennett，2007）。互联网模因能够并且鼓励非传统的行动者以一种独特的方式"对抗与抵抗"政治当局。

6.5　本章小结

在美国，关于政治议题的媒体报道中，抗议活动和抗议者是新闻图片和视频的核心视觉元素。新闻媒体对社会运动的作用不仅限于事件报道，还可能成为运动触发的媒介。传统媒体对社会运动的报道往往固化于"警察 vs 抗议者"的对抗性叙事框架，形成模式化的抗议范式。随着网络技术的发展，社交媒体为用户提供了即时接收信息及双向沟通的功能，打破了传统媒体的单一认知渠道，同时也构建出公众参与式新闻文化的可能，现已成为政治社会议题传播与讨论的关键场域。研究表明，美国社交媒体上关注政治人物的选民群体，其政治公共事务参与度显著高于非关注者。公民参与机制作为民主社会的基石，既实现了个体意见表达与公共对话，也维系着民主政治的基本精神（Parry，Moyser，Day，1992）。

网络政治模因作为新型视觉参与文化，通过事件文本的视觉化重构对公众舆论和政治参与产生重要影响，进而在数字空间中以独特的创造性和尖锐的方式来挑战和重新配置新闻话语和政治话语（Howley，2016）。这种数字时代的文化政治象征，既彰显了公众在对抗政治权威、媒体话语和意识形态霸权方面的能动性，也通过情感结构的集体表述形成另类的抵抗方式。网络政治模因的参与机制呈现三个显著特征：首先，模因通过虚实融合的视觉修辞来突破传统政治话语的编码规则。其次，模因建构"情感—认知"复合体具有去中心化动员能力。最后，模因通过"参与式解构"消解政治权威。

从技术赋能视角看，互联网重构政治参与路径。但这种技术工具的双刃剑效应同时也要求我们重新审视民主参与的本质——当政治承诺沦为戏谑素材，数字时代的民主或许需要建立"可见性参与"与"深度参与"的辩证关系。

第 **7** 章

结论与回顾

7.1 结论与延伸

基本结论

对政治影像的视觉修辞分析阐释了影像作为传播工具的意义，从纸媒时代到电视时代，再到如今的社交媒体时代，视觉图像逐渐成为当代文化的流行符号。因此，政治传播的视觉修辞也已成为政治话语空间的主要修辞方式。图像无法自己言说意义，而是由一种观看关系建构了意义。政治传播主体在情感呈现与意义生产的融合语境下，以视觉表征方式进行政治的意指实践，这种意指实践是政治视觉传播主体为权力机构维护权力关系而实施于民众的一种传播过程，传播过程是在视觉维度还原政治现实甚至重构现实。

在某种程度上，政治传播中的视觉修辞弥合了传统的"感性 vs 理性"对立二元论，将感性的情感呈现与理性的意义生产相融合。以视觉的命题开放性进行情感传播，以情感渲染的方式进行统治与劝服。面对新媒体时代受众对信息的需求与接受习惯，以及公众试图在政治中寻求情感化体验，政治人物需要作出回应，为此他们开展了一种政治表演。这种发展趋势促使政治传播成为一种"情感劳动"。无论从视觉文化、政治文化抑或更广泛的框架内对政治视觉修辞及相关控制问题进行研究，都表现出视觉符号的政治传播效果依赖于意识形态而非技术的物质条件。换句话说，政治视觉修辞可以被视为政府的"同意工程"（engineering of consent）❶ 或"思想控制"（thought control）❷。

受众在政治传播面前一直扮演着被提前分配好的角色，政治视觉修辞对观众消费来说具有人工视觉产品内涵的属性，能够引发个体和集体有意识或无意识的含义感知。观众在观看图像的短时间内只是觉得眼前的是视觉元素的集合体，而并非具有意义，这就使权力机构精心策划下的政治导向更加有效。政治传播受众以观看、互动、反抗等方式完成信息的接收，这种反抗性是受众与统治的对抗，因为"图像同时包含了统治和反抗的两种反应"（Hariman & Lucaites，2007）[10]。

情感并不是狂热政治与革命文化的专利。所有社会都需要考虑在变迁过程中运用政治情感来保障政治文化的稳定性，并在持续变革压力下保存人们所珍视的价值（Nussbaum，2013）[2]。在现代政治社会培养政治情感的首要意义在于，情感不仅有助于维护变动社会中的政治文化、维持人们的

---

❶ "同意工程"概念是由公共关系学者爱德华·伯尼斯（Edwards Bernays）于1947年首次提出，是指为了让人们支持某种观点和项目所采取的行动，这个行动基于工程学方法，并且充分掌握了涉及该情况的全部知识和科学原理。

❷ 同"洗脑"（brainwashing）、"强制劝服"（coercive persuasion），均指人类思想可以通过某种心理学方法被改变或被控制。

心灵秩序与社会生活秩序，而且能通过保存善的政治价值的方式为现代政治提供道德基础。

从政治人物的角度来说，当政治与其他社会制度和文化形式同样被卷入情感的循环时，政治家们必须为克制情感在公共领域的流动付出情感劳动。有了这种认知，就有了更大的选择余地，也就有了以某种方式有意识地管理情感以达成某种结果的空间。政治家是管理者，这种管理不仅在于他们管理国民经济的技术层面，也在于管理庞大的国家情感储备的层面。这项情感劳动需要政治领导人履行情感任务，感知公众的焦虑，并对公众的焦虑作出回应。政治舞台比过去更多地关注情感和情绪管理，通过积极地参与情感劳动，培养一种创造性的政治传播方式。

以往传统的视觉修辞研究集中于视觉图像的物理数据分析，是基于物理数据论证图像功能的合法性与合理性的。这种研究路径将视觉修辞置于一种社会政治真空中，或者说是将视觉修辞悬挂于社会结构与意识形态之外。本书关注视觉符号在政治语境中的使用，并将视觉修辞文本分为视觉化的媒介文本、空间文本和事件文本，对不同的文本形态采用不同的分析框架，从表征意义和互动意义出发，对媒介文本关注观看结构；从空间生产的特殊使命出发，对空间文本关注体验结构；以动态的情感结构分析和实践话语为分析视角，对事件文本关注参与结构。同时，本书将情感理论引入政治视觉修辞研究，并将媒介研究所关注的权力与意识形态、新闻社会学所关注的意义阐释与集体记忆引入视觉研究，认为意识形态管理的有效性是通过创造一个拟像现实来实现的，权力机构在拟像中完成统治与劝服、出场与表演，受众在拟像中完成观看、反抗与记忆。

7.2 回顾与不足

7.2.1 基于视觉依赖的政治决定

皮尤研究中心 2018 年 6 月发布的实证报告显示，美国公众在新闻消费行为中持续呈现显著的视觉化接受偏好，传统电视媒体仍占据首要地位——约 57% 的受众将其作为核心新闻获取渠道，该数据远超数字平台的渗透率。

尽管互联网的出现使在线阅读新闻变得流行起来，但是电视依旧在美国当代政治事务的传播渠道中扮演着重要角色。而电视在政治新闻的报道上，总是将主要精力放在赛马式的竞选报道上，弱化政党的重要性，以此增加情绪诉求的重要性。自从政治家们将竞选开支转移到了电视广告上，视觉符号的重要性就一直占据核心位置。电视是一种高度依赖图像魅力的媒介，这是一种视觉法则，越来越多的选民依此获取政治信息。

选民以视觉为主要判断标准作出政治决定时，是应该被鼓励还是被阻止，这需要在更宽泛的层面继续进行研究。但有一点值得肯定的是，视觉影像具有人为操作性。政治历史学家丹尼尔·布尔斯廷在他的著作《图像：美国的伪事件指南》一书中提到"伪事件"（pseudo-event）概念（Boorstin, 1962），精准揭示了媒介化政治景观的建构逻辑，这种经设计的劝服性视觉文本已渗透至政治表演与明星文化的肌理。从视觉政治经济学视角审视，权力机构系统性生产意识形态视觉符号的本质，在于维系其统治合法性的再生产。意识形态及其在显性层面通过图像修辞强化权力认同，隐性维度却始终蛰伏着符号暴力的幽灵。权力机构精心制作的总统影像，其视觉表征的多义性特征既可被解码为公共福祉代理人，亦能暴露国家暴力手段执行者的本质——这种二元张力恰恰印证了视觉符号的象征暴力本质。

在美国大大小小的荧幕，如电影、音乐、政治和电视真人秀等，都成为美国文化中生产"名望"的场域，将明星的魅力展现得淋漓尽致，这种文化也为政治人物对成名的想象或期望提供了土壤。正如公民新闻可以将一个普通人推到舞台的中央，明星文化的盛行导致电视真人秀节目可以将任何人打造成名人。比如，知名政治人物在午夜电视节目和喜剧电视节目上登台，包括《每日秀》（*The Daily Show*）和《周六夜现场》（*Saturday Night Live*）。公众对明星的期望预设为传统和新媒体节目提供着源源不断的思路。这使美国政治人物们对明星地位趋之若鹜。在如此心态之下，美国政治的可信度还有多少？

7.2.2　后真相时代与图像真实性

在"英国脱欧"与"美国大选"两起极具争议的新闻事件发生之后，英国《牛津词典》公布 2016 年年度词为"后真相"（post-truth）。这个概念最早出现在 1992 年美国《国家》杂志，美籍塞尔维亚作家斯蒂夫·特西奇（Steve Tesich）在一篇文章里使用了"后真相"一词。他认为，"水门事件""伊朗门事件"和海湾战争的幕后真相被揭露，这说明统治者封锁坏消息，民众竭力辨别真相，并自觉或不自觉地"生活在一个后真相的世界里"（Tesich，1992）[12-13]。

2004 年，美国学者拉尔夫·凯斯（Ralph Keyes）出版《后真相时代：现代生活的虚假与欺骗》一书，将"后真相"从政治领域拓展到大众的日常生活，并进行了道德层面的批判。凯斯认为，人们生活在"后真相时代"（post-truth era）。"后真相"处在道德伦理的灰色地带。"在后真相时代，我们拥有的不仅是真相和谎言，还有第三种介于两者之间的隐晦叙事"。被润色后的"真相"应该叫作"新真相"（neo-truth）、软真相（soft truth）、假真相（faux truth）、简化真相（truth lite）（Keye，2004）。

同年，美国记者埃里克·阿尔特曼（Eric Alterman）在《总统们说谎时》一书中用"后真相政治环境"（post-truth political environment）和"后真相总统制"（post-truth presidency）来分析布什政府在"9·11"事件之后的讲话，梳理了六位美国总统及其政治班底的撒谎史（Alterman，2004）。科林·克劳奇（Colin Crouch）使用"后民主制度"一词来描述这样一种政治模式：选举必然能影响政府，但在选举中，政治辩论只是一场被严格控制的表象，它本质上是专业竞选团队使用劝服技术的结果，是"广告业模式"下失真的政治传播（Crouch，2004）。

2010 年，博主大卫·罗伯茨（David Roberts）在《谷物》（Grist）杂志上首创"后真相政治"一词。他认为这是一种公众眼中的和媒介呈现的政治与立法实施的政策相分离的政治文化（Roberts，2010）。简单地说，就是政治辩论被情感控制，与本该受关注的政策细节相脱离。

2015 年，美国媒体人和学者杰森·哈尔辛（Jayson Harsin）在《后真相制度、后政治与注意力经济》一文中提出了"后真相制度"（regimes of post-truth）一词，该制度控制社会，权力利用"真相市场"压榨了参与、生产、表达及传播、消费、评价的"自由"（Harsin，2015）。

"后真相"政治最初是用来描述美国共和党内部矛盾的，相比民主党，共和党更严格地执行其党章。2016 年，"后真相"标签被媒体广泛地使用在特朗普的总统竞选过程中，2017 年，《纽约时报》《华盛顿邮报》等均指出特朗普在当选之后的言论中存在多处虚假和谎言。就如美国前总统奥巴马所称，新媒体生态系统意味着"一切都是真实的，没有什么是真实的"（Remnick，2017）。

"后真相"政治环境出现在多个国家，表现尤为突出的是美国。在 24 小时滚动新闻、虚假平衡的媒体偏见和无处不在的社交媒体的合力驱使下，"后真相"政治成为美国大众日常生活的一部分。24 小时滚动新闻意味着新闻频道不停地利用同样的公众人物，这便有益于一些精明的政客，同时，媒体的展示和政客的个人品格相比新闻事实对观众产生更大的影响（Keyes，2004）[127-128]。从受众层面看，"后真相政治"暴露了民众对公共机构的低信任度。从技术层面看，"后真相政治"反映了互联网兴起之后人们获取新闻的方式的变化及其社会后果。

数十亿通过智能手机共享的照片和视频都被记录在社交媒体上。人们可以立即记录、处理和分享现实世界中的人物、地点、风景等。影像技术提供了无限的图像处理可能，社交媒体为传播增加了可能性，经过处理和去文本化的图像传播没有了时间和空间的障碍。在视觉依赖发生在后真相时代，学界应该探究人们是否仍然相信数字图像的真实性，尤其在政治新闻层面。

7.2.3　研究的不足

视觉修辞的定性研究方法带有学术缺陷层面的原罪，即不同研究者对视觉修辞有不同的解读。同时，研究者基于主题决定抽样标准而非系统通用标准。这种目的性抽样方式导致研究者着眼于特殊图像、主题或者一些特定的分类。本书也存在类似的研究缺陷。

此外，在研究中，关于受众是如何对图像进行处理并作出回应这个问题，尚未得到解答，未来还需要进行深入研究。如其他口语或书面形式的传播一样，视觉劝服依赖于受众已有的态度、价值观、信仰等，关注、处理、解释信息并以此指导其行动。受众以不同的方式处理信息，对于这个问题则需要进一步研究不同受众对不同视觉信息的反应。例如，心理学的初步研究表明，男性和女性处理图像的方式不同，女性更容易受到积极图像的影响，而男性更容易受到消极图像的影响（Barrett & Barrington，2005）。

以视觉论据为主的公共领域的规范性意涵已成为亟待深化的研究命题，

这要求我们在"图像转向"的学术语境下，重新审视视觉论据对商议民主的建制性影响。例如，当视觉符号逐渐取代传统话语成为公共领域的主导媒介时，其引发的究竟是民主审议的认知升级，还是理性对话的降维危机？这种视觉政治认知范式的集体转向，应被视作公民政治素养的进化表征，抑或技术民粹主义的风险预兆？对视觉霸权的民主性评估，需置于媒介生态变革与认知模式转型的双重维度下进行制度性考察。

政治视觉修辞研究的多维性是其学术生命力的源泉——视觉文本的复调性既构成理论阐释的困境，又孕育着跨学科创新的可能。这种张力不仅映射了数字时代政治传播的复杂性，更预示着传播学研究范式从语言中心主义向多模态认知的范式跃迁。在此进程中，视觉修辞分析将不仅是解码权力运用的工具，更可能重塑我们对公共领域构成要件的理解框架。

参考文献

阿莱达·阿斯曼,扬·阿斯曼,2012.昨日重现——媒介与社会记忆[M]//冯亚琳,阿斯特里特·埃尔.文化记忆理论读本.余传玲,译.北京:北京大学出版社.

阿莱达·阿斯曼,2016.回忆空间:文化记忆的形式和变迁[M].潘璐,译.北京:北京大学出版社.

爱德华·泰勒,2005.原始文化:神话、哲学、宗教、语言、艺术和习俗发展之研究[M].连树声,译.桂林:广西师范大学出版社.

保罗·梅萨里,2003.视觉说服:形象在广告中的作用[M].王波,译.北京:新华出版社.

成伯清,2009.从嫉妒到怨恨——论中国社会情绪氛围的一个侧面[J].探索与争鸣(10):49-52.

成伯清,2011.从同情到尊敬——中国政治文化与公共情感的变迁[J].探索与争鸣(9):46-50.

常江,石谷岩.2018.托德·吉特林:学术与政治从来不是割裂的——新左派运动的学术镜像[J].新闻界(4):4-9.

陈晓东,2012.基于情感词典的中文微博情感倾向分析研究[D].武汉:华中科技大学.

陈世华,刘晶,2017.政治传播中的视觉修辞流变[J].国际新闻界(9):71-87.

陈红玉,2017.视觉修辞与新媒体时代的政治传播[J].西南民族大学学报(人文社会科学版)(1):179-183.

陈爽,张铮等,2017.社会事件类微博的情绪性对资讯传播的影响——捲入度的作用[J].传播与社会学刊(41):119-147.

程曼丽,2017.中国对外传播的历史回顾与展望[J].新闻与写作(8):5-9.

程曼丽,2017.讲好中国故事的传播战略[J].对外传播(8):12-13.

初广志,欧阳迟起,2015.游走在爱国宣传与商业推销之间——"二战"期间美国 LIFE 杂志的企业广告分析[J].广告大观(3):98-104.

丹尼尔·戴扬,伊莱休·卡茨,2000.媒介事件[M].北京:北京广播学院出版社.

戴永辉,2016.社交媒体语音信息的情感计算及情绪传播研究[D].上海:上海财经大学.

戴杏云,张柳,戴伟辉,朱华,2016.社交网络的情感图谱研究[J].管理评论,(28)8:79-86.

戴维·温伯格,2014.知识的边界[M].胡泳,高美,译.太原:山西人民出版社.

郭景萍,2008.情感社会学:理论、历史、现实[M].上海:三联书店.

郭小安,2013.网络抗争中谣言的情感动员:策略与剧目[J].国际新闻界(12):56-69.

郭小安,王木君,2016.网络民粹事件中的情感动员策略及效果——基于2002—2015年191起网络事件的内容分析[J].新闻界(7):52-58.

哈贝马斯,1999.公共领域的结构转型[M].曹卫东,译.上海:学林出版社.

胡泳,2017.后真相与政治的未来[J].新闻与传播研究(4):6-14,127.

胡百精,2014.互联网与集体记忆建构[J].中国高校社会科学(3):98-106.

何天翔,张晖,李波,杨春明,赵旭剑,2015.一种基于情感分析的网络舆情演化分析方法[J].软件导刊14(5):131-134.

姜进,2011.总序.林·亨特.新文化史[M].姜进,译.上海:华东师范大学出版社:3.

纪莉,董薇,2018.从情感研究的起点出发:去情绪化的情感与媒介效果研究[J].南京社会科学(5):116-126.

赖凯声,2013.大众网络情绪与中国股市的相关性研究——行为金融信息学视角[D].天津:南开大学.

李良荣,郑雯,张盛,2013.网络群体性事件爆发机理:传播属性与事件属性双重建模研究——基于195个案例的定性比较分析(QCA)[J].现代传播(2):25-34.

李永健,2008.传播心理学.北京:中国传媒大学出版社.

李敬,2013.传播学视域中的福柯:权力,知识与交往关系[J].国际新闻界(2):60-68.

刘海龙,2013.宣传:观念、话语及其正当化[M].北京:中国大百科全书出版社.

刘涛,2017a.视觉修辞的学术起源与意义机制:一个学术史的考察[J].暨南学报(哲学社会科学版)(9):66-77.

刘涛,2017b.媒介·空间·事件:观看的"语法"与视觉修辞方法[J].南京社会科学(9):105-114.

刘涛,2012.图像政治:环境议题再现的公共修辞视角[J].当代传播(2):23-26.

刘涛,2013.新社会运动与气候传播的修辞学理论探究[J].国际新闻界(8):84-95.

刘涛,2016.西方数据新闻中的中国:一个视觉修辞分析框架[J].新闻与传播研究(2):5-28.

刘涛,2015.社会化媒体与空间的社会化生产——列斐伏尔和福柯"空间思想"的批判与对话机制研究[J].新闻与传播研究(5):73-92.

刘晶,2017.政治视觉修辞研究引论[J].东南学术(1):235-242.

兰斯·班尼特,邱林川,史安斌.新闻、政治、社运与数字媒体[J].张晓,译.传播与社会学刊(26):1-31.

林郁沁,2011.施剑翘复仇案:民国时期公众同情的兴起与影响[M].陈静湘,译.南京:江苏人民出版社.

林芬,2018.权力与信息悖论:研究中国媒体的国家视角[J].传播与社会学刊(45):19-46.

理查德·道金斯,2018.自私的基因[M].卢允中,译.北京:中信出版社.

罗家德,2005.社会网分析讲义[M].北京:社会科学文献出版社.

陆扬,2017."情感转向"的理论资源[J].上海大学学报(社会科学版)34(1):30-38.

鲁道夫·阿恩海姆,2005.视觉思维[M].滕守尧,译.成都:四川人民出版社.

鲁道夫·阿恩海姆,2001.艺术与视知觉[M].滕守尧,朱疆源,译.成都:四川人民出版社.

罗兰·巴尔特,2005.形象的修辞:广告语当代社会理论[M].吴琼,译.北京:中国人民大学出版社.

罗兰·巴尔特,2011.明室:摄影札记[M].赵克非,译.北京:中国人民大学出版社.

玛蒂娜·乔丽,2012.图像分析[M].怀宇,译.天津:天津人民出版社.

马立诚,2012.当代中国八种社会思潮.北京:社会科学文献出版社.

马丁·海德格尔,2004.林中路[M].孙周兴,译.上海:上海译文出版社.

马克斯·韦伯,2010.新教伦理与资本主义精神[M].康乐,等译.桂林:广西师范大学出版社.

麦尚文,王昕,2009.媒介情感力生产与社会认同——《感动中国》社会传播机制及效应调查分析[J].电视研究(6):69-71.

莫里斯·哈布瓦赫,2002.论集体记忆[M].毕然,郭金华,译.上海:上海人民出版社.

尼古拉斯·米尔佐夫,2006.视觉文化导论[M].倪伟,译.南京:江苏人民出版社.

欧文·戈夫曼,2008.日常生活中的自我呈现[M].冯钢,译.北京:北京大学出版社.

庞云黠,苗伟山,2017.意见领袖的结构极化研究:以新浪微博为例[J].传播
　　与社会学刊(42):59-90.

邱玉婵,2007.医病形象的媒体建构——医疗纠纷抬棺抗议新闻分析[J].新
　　闻学研究(台北)(1):85-137.

乔纳森·特纳,简·斯戴兹,2007.情感社会学[M].孙俊才,文军,译.上海:上
　　海人民出版社:23,22,30.

桑斯坦,2010.极端的人群:群体行为的心理学[M].尹弘毅,郭彬彬,译.北京:
　　新华出版社.

斯宾诺莎,2015.伦理学[M].贺麟,译.北京:商务印书馆.

盛希贵,贺敬杰,2014.宣传对话的视觉"祛魅":新媒体环境下网民对政治类
　　新闻图片的再解读[J].国际新闻界(7):38-49.

隋岩,史飞飞,2013.论群体传播时代政治传播的情感视角[J].社会科学(9):
　　27-33.

史安斌,杨云康,2017.后真相时代政治传播的理论重建和路径重构[J].国际
　　新闻界(9):56-72.

苏珊·桑塔格,1999.论摄影[M].艾红华,毛建雄,译.长沙:湖南美术出版社.

王金红,黄振辉,2012.中国弱势群体的悲情抗争及其理论解释[J].中山大学
　　学报(1):152-164.

王晴佳,2015.当代史学的"情感转向":第22届国际历史学科大会和情感史
　　研究[J].史学理论研究(4):127-130.

王艳茹,2018.新媒体时代我国政治宣传片的视觉修辞研究[J].现代视听
　　(4):30-33.

维曼,多米尼克,2005.大众媒介研究导论(第7版)[M].金兼斌,陈可,郭栋
　　梁,译.北京:清华大学出版社.

邢云菲,王晰巍,韦雅楠,王铎,2018.新媒体环境下网络舆情用户情感演化模
　　型研究——基于情感极性及情感强度理论[J].情报科学(8):142-148.

徐益,2011.情感广告和理性广告:不同认知和情感捲入下的传播效果研究 [D].南京:南京大学管理学院.

扬·阿斯曼,2012.文化记忆[M]∥冯亚琳,阿斯特里特·埃尔.文化记忆理论 读本.余传玲,译.北京:北京大学出版社.

杨击,柳叶,2009.情感结构:雷蒙德·威廉斯文化研究的方法论遗产[J].新 闻大学(1):137-141.

杨国斌,2009.悲情与戏谑:网络事件中的情感动员[J].传播与社会学刊(香 港)(9):39-66.

袁光锋,2015.公共舆论中的"同情"与"公共性"的构成[J].新闻记者(11): 31-43.

袁光锋,2014.互联网空间中的"情感"与诠释社群——理解互联网中的"情 感"政治[J].中国网络传播研究(8):89-97.

袁光锋,2015.公共舆论建构中的"弱势感"——基于"情感结构"的分析[J]. 新闻记者(4):47-53.

殷强,袁雪,2018.总统影像的视觉修辞:对白宫 Flickr 网站图片的分析[J].国 际新闻界(2):177-187.

袁雪,2019 年 3 月 7 日."模因"塑造新型互联网文化景观[J].中国社会科学 报:3.

约翰·基恩,2016.生死民主[M].安雯,译.北京:中央编译出版社.

约翰·伯格,2005.观看之道[M].戴行钺,译.桂林:广西师范大学出版社.

曾婉倩,李松,等,2018.社交媒体上的人情运作:观念、行动和结果[J].传播 与社会学刊(45):121-144.

朱丽丽,2016.网络迷群的社会动员与情感政治[J].南京社会科学(8): 103-109.

詹姆斯·凯瑞,2005.作为文化的传播[M].丁未,译.北京:华夏出版社:80.

周宪,2015.主持人语[M]∥周宪,陶东风.文化研究(第 23 辑).北京:社会科 学文献出版社.

周怡,2008.强范式与弱范式:文化社会学的双视角——解读 J. C. 亚历山大的文化观[J].社会学研究(6):194-214.

周锦,2012.美国政治广告主题研究的回顾[J].广告大观(2):102-113.

周海燕,2013.记忆的政治.北京:中国发展出版社.

周海燕,2014.媒介与集体记忆研究:检讨与反思[J].新闻与传播研究(9):39-50.

周勇,倪乐融,李潇潇,2018."沉浸式新闻"传播效果的实证研究——基于信息认知、情感感知与态度意向的实验[J].现代传播(5):37-42.

周勇,黄雅兰,2015.新闻传播:从信息媒介到政治仪式的回归[J].国际新闻界(11):105-124.

周勇,黄雅兰,2012.从图像到舆论:网络传播中的视觉形象建构与意义生产[J].国际新闻界(9):82-90.

周勇,张雅佼,等,2012.电影框架与大国形象建构——基于 1996—2010 年间 15 部美国电影中中国人物形象的分析[J].现代传播(3):43-47.

赵国新,2011.雷蒙·威廉斯[J].外国文学(3):114-121.

赵毅衡,2011.符号学:原理与推演[M].南京:南京大学出版社.

赵永华,姚晓鸥,2013.媒介的意识形态批判抑或受众研究:霍尔模式的现象学分析[J].国际新闻界(11):47-58.

钟智锦,林淑金,刘学燕,杨雅琴,2017.集体记忆中的新媒体事件(2002—2014):情绪分析的视角[J].传播与社会学刊(40):105-134.

ALEXANDER J C, 1988. Durkheimian sociology: cultural studies [J]. Cambridge, CA:Cambridge University Press.

ALEXANDER J C, SMITH P, 1993. The Discourse of American Civil Society:A New Proposal for Cultural Studies[J]. Theory and Society, 22(2):151-207.

ALEXANDER J C,2006. The Civil Sphere[M]. New York:Oxford University Press.

JACOBS R N, & WILD N M ,2013. A Cultural Sociology of The Daily Show and The Colbert Report[J]. American Journal of Cultural Sociology, 1(1):69-95.

ALEXANDER J C, 2015. The Crisis of Journalism Reconsidered: Cultural Power [J]. Fudan Journal of Humanity and Social Sciences, 8(1): 9-31.

ALEXANDER J C, 2016. Introduction: Journalism, Democratic Culture, and Creative Reconstruction [M]//In Jeffrey C. Alexander, Elizabeth Breese, & Maria Luengo (Eds.), The Crisis of Journalism Reconsidered: Democratic Culture, Professional Codes, Digital Future. Cambridge, MA: Cambridge University Press.

ALTERMAN E, 2004. When Presidents Lie: A History of Official Deception and its Consequences [M]. New York, NY: Penguin Group Inc.

ANGEL M, GIBBS A, 2006. Media, affect and the face: biomediation and the political scene [J]. Southern Review: Communication, Politics and Culture, 38(2): 24-39.

ANGERER M L, 2014. Desire after affect [M]. Lanham, MD: Rowman & Littlefield.

ARMADA B. Memorial Agon: An Interpretative Tour of the National Civil Rights Museum [J]. Southern Communication Journal(63): 236.

ARNHEIM R, 1969. Visual Thinking [J]. Oakland, CA: University of California Press.

ASSMANN A, 2006. Memory, individual and collective. In R. E. Goodin & C. Tilly (Eds.) [M]//The Oxford Handbook of Contextual Political Analysis. Oxford, UK: Oxford Unversity Rress.

ASSMANN A, 2013. Introduction to Cultural Studies: Topics, Concepts, Issues [J]. Anglia -Journal for the Study of the English Speaking World, 131(4): 541-543.

ASSMANN A, 1999. Memory Places: Forms and Changes of Cultural Memory [M]. Munich: Fink Verlag.

BALLEW C C, TODOROV A, 2007. Predicting political elections from rapid and unreflective face judgments [J]. Proceedings of the National Academy of Sciences of the United States of America, 104(46): 17948-17953.

BARNHURST K G, VARI M, RODRIGUEZ I, 2004. Mapping visual studies in communication [J]. Journal of Communication, 54(4): 616-617.

BARRETT A W, BARRINGTON L W,2005. Bias in Newspaper Photograph Selection[J]. Political Research Quarterly,58(4):817-830.

BAIER A,BINSWANGER C,HÄBERLEIN J et al,2014. Affekt and Geschlecht:Eine einführende Anthologie[M]. Freiburg:Zaglossus Verlag.

BARTHES R,1988. The semiotic challenge[M]. Oxford,England:Blackwell.

BAUMGARTNER J C,MORRIS J S,2010. MyFaceTube politics:Social networking web sites and political engagement of young adults[J]. Social Science Computer Review,28(1):24-44.

BENDELOW G,WILLIAMS S,1998. Emotions in social life:critical themes and contemporary issue[M]. London:Routledge.

BENNETT T,2007. The work of culture[M]. CA:Sage Publications.

BENJAMIN W, 1936. The work of art in the age of mechanical reproduction [M]//In Illuminations. New York:Schoken Books.

BENSON T W,1974. Joe:An Essay in the Rhetorical of Film[M]. The Journal of Popular Culture,8(3):610-618.

BERGER J,1972. Ways of seeing[M]. New York:Penguin.

BERKOWITZ D,1997. Social Meanings of News:A Text-Reader[M]. Thousand Oaks:Sage.

BERKOWITZ D,2011. Cultural Meanings of News:A Text-Reader[M]. Thousand Oaks:Sage.

BERKOWITZ D,LIU Z,2014. The Social-cultural Construction of News:From Doing Work to Making Meanings[M]//FORTNER R S,Fackler P M et al. The Handbook of Media and Mass Communication Theory. Oxford:Wiley Blackwell:1,302-313.

BERKOWITZ D,LIU Z,2016. Studying News Production:From Process to Meanings [M]//PATERSON C, LEE D, SAHA A et al. Advancing Media Production

Research：Shifting Sites，Methods，and Politics. Hampshire. UK：Palgrave Macmillan，68−78.

BERLANT L，1997. The Queen of America Goes to Washington City：Essays on Sex and Citizenship[M]. Durham：Duke University Press.

BERGMAN T，2003. A Critical Analysis of the California State Railroad Museum's Orientation Films[J]. Western Journal of Communication(67)：427−448.

BLAIR C，DICKINSON G，OTT B L，2010. Introduction，in Places of Public Memory：The Rhetoric of Museums and Memorials[M]//DICKINSON G，BLAIR C，BRIAN L. Ott. Tuscaloosa：The University of Alabama Press，1−54.

BLAIR J A，2004. The rhetoric of visual arguents. In Charles A. Hill and Marguerite Helmers [M]//MAHWAH N J. Defining Visual Rhetoric. Lawrence Erlbaum Associates，41−62.

BOSEL B，2018. Affect disposition(ing)：a genealogical approach to the organization and regulation of emotions[J]. Media and Communication，6(3)：15−21.

BOORSTIN D J，1962. The Image：A Guide to Pseudo−Events in America[M]. New York：Harper.

BOSMAJIAN H A，1971. The rhetoric of nonverbal communication：reading[M]. Glenview：Scott，Foresman.

BROWN J，2000. What is a psychoanalytic sociology of emotion? [J]. Psychoanalytic Studies，(2)：35−49.

BROSIUS H−B，1993. The effects of emotional pictures in television news[J]. Communication Research，20(1)，105−124.

BOYLE N，2008. German literature：A very short introduction[M]. Oxford：Oxford University Press.

BREESE E，2012. Interpreting the News：A Cultural Sociology of Journalistic Discourses in the United States[D]. New Haven：Yale University.

BRIANS C L, WATTENBERG M P,1996. Campaign issue knowledge and salience: Comparing reception from TV commercials,TV news and newspapers[J]. American Journal of Political Science,40(1):172-193.

BUCY E P, 2011. Nonverbal communication, emotion, and political evaluation [M]//KOVELING K K ,SCHEVE C V et al. Handbook of emotions and mass media. New York,NY:Routledge. 195-220.

BUCY E P,2003. Media credibility reconsidered:Synergy effects between on-air and online news[J]. Journalism & Mass Communication Quarterly,80(2):247-264.

BUCY E P,GRABE M E,2007. Taking television seriously:A sound and image bite analysis of presidential campaign coverage,1992-2004[J]. Journal of Communication,57(4):652-675.

BUCY E P,BRADLEY S D,2004. Presidential expressions and viewer emotion: Counterempathic responses to televised leader displays[J]. Social Science,80 (2):247-264.

BURKER K, 1966. Language as symbolic action:essays on life, literature, and method[M]. Berkeley,Oakland,CA:University of California press.

BUCY E P,GONG Z H,2015. Image bite analysis of presidential debates[M]// BROWNING R X. Exploring the C-SPAN archives:Advancing the research agenda. West Lafayette,IN:Purdue University Press:45-75.

BUMILLER K,2003. The Geneticization of Autism:From New Reproductive Technologies to the Conception of Genetic Normalcy[J]. Signs:Journal of Women in Culture and Society,28(4):1209-1235.

CAMPBELL C, 1987. The romantic ethic and the spirit of modern consumerism [M]. Oxford:Blackwell.

CAREY J, 2008/1989. Communication as culture:essays on media and society [M]. New York & London:Routledge.

CAREY J,1988. Media,Myths,and Narratives:Television and the Press[J]. Newbury Park,CA:Sage.

CAREY J,1997. Afterward:the culture in question[M]//MUNSON E S,WARREN C A et al. James Carey:A critical reader. Minneapolis & London,University of Minnesota Press,308-339.

CARLSON M,LEWIS S,2015. Boundaries of Journalism:Professionalism,Practices and Participation[M]. London,New York:Routledge.

CARLSON M,2018. Journalistic Authority:Legitimating News in the Digital Era [M]. New York:Columbia University Press.

CAROLINE V E,2007. Classical rhetoric and the visual arts in early modern Europe [M]. Cambridge University Press.

CAVARERO A,2000. Relating Narratives:Storytelling and Selfhood[J]. Cultural Studies,(19)5:548-567.

CLOUGH P T,2010. The affective turn. Political economy,biomedia,and bodies [M]//Gregg M, Seigh G J et al, The affect theory reader. Durham,London: Duke University Press,206-225.

CLINTON B,QUOTED IN GLANTON. Taxes Go To the Operation of Presidential Libraries[J]. Chicago Tribune,(8).

COOLE D H, FROST S, 2010. New materialisms:Ontology,agency,and politics [M]. Durham,London:Duke University Press.

COLEBROOK C,2002. Gilles Deleuze[M]. London:Routledge.

COLEBROOK C, 2011. Time and Autopoiesis:The Organism Has No Future [M]//Deleuze and the Body. Edinburgh:Edinburgh University Press:9-28.

COLLINSON D,1992. Major philosophies[M]. London:Routledge.

CROUCH C,2004. Post-democracy[M]. Cambridge,UK:Polity.

CUPACH W R,SPITZBERG B H,2007. The dark side of interpersonal communication[M]. Mahwah,NJ:Erlbaum,5-10.

DELEUZE G,1997. Essays Critical and Clinical[M]. Minneapolis:University of Minnesota Press.

DELEUZE G,GUATTARI F,1987. A Thousand Plateaus:Capitalism and Schizophrenia (B. Massumi,Trans.)[M]. Minnesota:University of Minnesota Press.

DANESI M,2017. Visual rhetoric and semiotic,Communication[M]. Oxford Research Encyelopedias(online) [EB/OL]. (−1 −19)[2023 −4 −15]. https://doi. org/10. 1093acrefore/9780/90228613. 013. 648.

DAMASIO A,1999. The feeling of what happens:Body and emotion in the making of consciousness[M]. Sun Diego,CA:Harcourt Brace.

DELUCA K M,DEMO A T,2000. Imaging nature:Watkins,Yosemite,and the birth of environmentalism [J]. Critical Studies in Media Communication,17(3): 242−260.

DELICATH J W,DELUCA K M,2003. Image Events,the public sphere,and argumentative practice:The case of radical environmental groups[J]. Argumentation,17(3): 315−333.

DICKINSON G,OTT B L,AOKI E,2005. Memory and Myth at the Buffalo Bill Museum [J]. Western Journal of Communication,69(3):207−227.

DONOHUE G A,TICHENOR P J,OLIEN C N,1973. Mass media functions,knowledge and social control[J]. Journalism Quarterly(50):652−659.

DRURY J,HERBECK C,2004. The role of the media in shaping public opinion [M]//Media and public opinion (Mahwah). Mahwah,NJ:Lawrence Erlbaum Assvciates:3−32.

ECK C,2007. Classical Rhetoric and the Visual Arts in Early Modern Europe [M]. New York:Cambridge University Press.

EDELMAN P J,VAN KNIPPENBERG D,2016. Training Leader Emotion Regulation and Leadership Effectiveness[J]. Journal of Business and Psychology,32(6): 747−757.

EDWARDS J L,WINKLER C K,1997. Representative Form and the Visual Ideograph: The Iwo Jima Image in Editorial Cartoons[J]. Quarterly Journal of Speech,83(3): 289−310.

EKMAN P,1972. Universals and cultural differences in facial expressions of emotion. In J. Cole(Ed.),Ne−braska symposium of motivation[M]. Lincoln,NE:University of Nebraska Press. 207−283.

ELIAS N,DUNNING E,1986. Quest for excitement:sport and leisure in the civilizing process[M]. Oxford,England:Blackwell.

ENTMAN R M,1993. Framing:Toward clarification of a fractured paradigm[J]. Journal of Communication,43(4),51−58.

ETTEMA J,2005. Crafting Cultural Resonance:Imaginative Power in Everyday Journalism[J]. Journalism,6(2):131−152.

FEATHERSTONE M,1991. Consumer culture and postmodernism[M]. London:Sage.

FEATHERSTONE M,1999. Love and eroticism[M]. London:Sage.

FINEMAN S,2000. Emotion in organization (2nd ed.)[M]. London:Sage.

FISHER W R,1984. Narration as a human communication paradigm:The case of public moral argument[J]. Communication Monographs,51(1):1−26.

FOSS S K, 1994. A rhetorical schema foe the evaluation of visual imagery[J]. Communication Studies,34:326−340.

FOSS S K,2005. Theory of Visual Rhetoric[M]//Handbook of Visual Communication: Theory,Methods,and Media. Mahwah,NJ:Lawrence Erlbaum Associates:141−152.

FRANKLIN B, 1994. Packaging politics:Political communications in Britain's media democracy[M]. London:Edward Arnold.

FREEDBERG D,GALESE V,2007. Motion,Emotion,and Empathy in Esthetic Experience[J]. Trends in Cognitive Science(11):197−203.

FRANK A,WILSON E A,2012. Critical response I. Like−minded[J]. Critical Inquiry (38):870−877.

GAMSON W A, MODIGLIANI A, 1989. Media Discourse and Public Opinion on Nuclear Power: A Constructionist Approach [J]. American Journal of Sociology (95): 1−37.

GALLAGHER V, 1999. Memory and Reconciliation in the Birmingham Civil Rights Institute [J]. Rhetoric & Public Affairs(2): 303−320.

GEERTZ C, 2017. The interpretation of culture [M]. New York: Basic Book: 95.

GIARDINI F, 1999. Public affects: clues towards a political practice of singularity' [J]. The European Journal of Women's Studies, 6(2): 149−160.

GIBSON R, ZILLMANN D, 2000. Reading between the Photographs: The Influence of Incidental Pictorial Information on Issue Perception [J]. Media Psychology, 2 (2): 123−140.

GILBERT E, KARAHALIOS K, 2010. Widespread worry and the stock market [C]. International Conference on Weblogs and Social Media. DBLP.

GITLIN T, 1980. The whole world is watching: mass media in the making and unmaking of the New Left [M]. Berkeley: University of California Press.

GOFFMAN E, 1974. Frame Analysis: An Essay on the Organization of Experience [M]. Harvard University Press.

GOODMAN N, 1976. Languages of Art [M]. Indianapolis, IN: Hackett Publishing Company.

GOLDMAN R, 1992. Reading ads socially [M]. London: Routledge.

GOLDSTEIN K, RIDOUT T N, 2004. Measuring the effects of televised political advertising in the United States [J]. Annual Review of Political Science(7): 205−226.

GOODWIN J, JASPER J, POLLETTA F, 2001. Passionate politics: Emotions and social movements [M]. Chicago: University of Chicago Press.

GRANDEY A A, 2000. Emotion regulation in the workplace: A new way to conceptualize emotional labor [J]. Journal of Occupational Health Psychology, (5): 95−110.

GRABER D A,1981. Political Languages[M]//NIMMO D,SANDERS K et al. Handbook of Political Communication. Beverly Hills,CA:Sage:195-224.

GRABER D A,1984. Processing the News:How People Tame the Information Tide [J]. New York:Longman Inc.

GRABER D A,1987. Television News Without Pictures? [J]. Journal of Communication,37(1):74-78.

GRABER D A,1988. Processing the News:How People Tame the Information Tide [M]. New York:Longman Inc.

GRABER D A,1996a. Say It with Pictures[J]. The ANNALS of the American Academy of Political and Social Science,546(1):85-96.

GRABER D A,1996b. Whither Televised Election News?:Lessons from the 1996 Campaign[J]. Political Communication,13(3):257-262.

GRABE M E,BUCY E P,2009. Image Bite Politics:News and the Visual Framing of Elections[M]. Oxford University Press.

GREGG M,SEIGWORTH G J,2010. The affect theory reader[M]. Durham:Duke University Press.

GREEN M C,BROCK T C,2005. Persuasiveness of narratives[M]. Persuasion:Psychological Insights and Perspectives,2:117-142.

GREEN M C,2004. Transportation into narrative worlds:The role of prior knowledge and perceived realism[M]. Discourse Processes,38(4):247-266.

GREEN M C,BROCK T C,2000. The role of transportation in the persuasiveness of public narratives[J]. Journal of Personality and Social Psychology,79(5):701-721.

GRONBECK B E,MEDHURST M J,BENSON T W,1984. Rhetoraical Demensions in Media:A critical Casebook[M]. Dubuque,IA:Kendall/Hunt.

GROSSBERG L,1986. On Postmodernism and Articulation:An Interview with Stuart Hall[J]. Journal of Communication Inquiry,10(2):45-60.

GROSSBERG L,1993. Can cultural studies find true happiness in communication? [J]. Journal of Communication,43(3):89−97.

GROSSBERG L,2014. Cultural studies and Deleuze−Guattari,part 1[J]. Cultural Studies,28(1):1−28.

GROSSBERG L,2016. Cultural Studies and Deleuze−Guattari,part 2:From affect to conjunctures[J]. Cultural Studies,30(6):1001−1028.

GURAK L J,1997. Persuasion and privacy in cyberspace:The online protests over Lotus Marketplace and the Clipper Chip[M]. New Haven,CN:Yale University Press.

HAHNER L A,2013. The Riot Kiss:Framing Memes as Visual Argument[J]. Argumentation and Advocacy,49(3):151−166.

HANDA C,2004. Visual rhetoric in a digital world:A critical sourcebook[M]. New York:Bedford/St. Martin's.

HALMOS P,1965. The faith of the counsellors[M]. London:Constable.

HALLIADY M A K,1978. Language as social semiotic:The social interpretation of language and meaning[M]. London:Arnold.

HALL P A, LAMONT M, 2013. Why Social Relations Matter for Politics and Successful Societies[J]. Annual Review of Political Science(16):1−23.

Hall S,1980. Encoding/decoding[M]//HALL S,HOBSON D,LOWE A et al. Culture, media,language:Working papers in cultural studies. London:Routledge:117−127.

HART R P, 1999. Seducing America:How television charms the modern voter (Rev. ed.)[M]. Texas:Texas A & M University Press.

HARIMAN R,LUCAITESJ L,2007. No capital needed:iconic photograghs,public culture,and liberal democracy[M]. Chicago:University of Chicago Press.

HARVEY D,1989. The condition of postmodernity[M]. Oxford,England:Blackwell.

HARSIN J,2015. Regimes of Post−truth,Post−politics,and Attention Economies [J]. Communication,Culture & Critique,2(24):327−333.

HASSIN R, TROPE Y, 2000. Facing faces: Studies on the cognitive aspects of physiognomy [J]. Journal of Personality and Social Psychology, 78 (5): 837-857.

HELMERS M, HILL C A, 2004. "Introduction", in Charles A. Hill and Marguerite Helerms eds [M]//Defining visual rhetoric. Mahwah, NJ. Lawrence Erlbaum Associates, Inc.

HEMMINGS C, 2005. Invoking affect: Cultural Theory and the Ontological turn [J]. Cultural Studies, 19(5):548-567.

HERRINGTON K, 2006. Museum[J]. Theory, Culture, Society, 23:600.

HIPFL B, 2018. Affect in media and communication studies: Potentials and assemblages[J]. Media and Communication, 6(3):5-14.

HINYARD L J, KREUTER M W, 2007. Using narrative communication as a tool for health behavior change: A conceptual, theoretical, and empirical overview [J]. Health Education & Behavior, 34(5):777-792.

HOCHSCHILD A R, 1979. Emotion work, feeling rules, and social structure[J]. American Journal of Sociology, 85(3):551-575.

HOCHSCHILD A R, 1983. The managed heart: the commercialization of human feeling[M]. Oakland, CA :University of California Press.

HOCHSCHILD A R, 2003. The Managed Heart: Commercialization of Human Feeling (20th Anniversary ed.)[M]. Oakland, CA: University of California Press.

HOWLEY K, 2016. "I have a drone": Internet memes and the politics of culture [J]. Interactions: Studies in Communication & Culture, 7(2):155-175.

HILL, C. A. HELEMERS M, 2004. Defining visual rhetoric[M]//. Mahwah N J. Lawrence Erlbaum Associate, Inc.

IVINS W JR, 1953. Prints and Visual Communication[M]. Cambridge, MA: MIT Press.

IYENGAR S, 1991. Is anyone responsible?: How television frames political issues [M]. Chicago: University of Chicago Press.

JACOBS R N, 1996. Civil Society and Crisis: Culture, Discourse, and the Rodney King Beating[J]. American Journal of Sociology, 101(5): 1238-1272.

JAMIESON K H, 1992. Dirty politics: deception, distraction, and democracy[M]. New York: Oxford University Press.

JAMIESON L, 1998. Intimacy: personal relationships in modern societies[M]. Cambridge, England: Polity.

JAMIESON K H, 1988. Eloquence in an Electronic Age: The Trans – formation of Political Speechmaking[M]. New York: Oxford University Press.

JASPER J M, POULSEN J D, 1995. Recruiting strangers and friends: Moral shocks and social networks in animal rights and anti – nuclear protests[J]. Social Problems, 42(4): 493-512.

JENKINS H, 2009. Confronting the Challenges of Participatory Culture: Media Education for the 21st Century[M]. Cambridge, MA: The MIT Press.

JOAN L, CONNERS, 2005. Representations of the 2004 Presidential Campaign, Political Cartoons and Popular Culture References[M]. American Behavioral Scientist: 49.

JOHANSEEN J, 2018. Towards a psychoanalytic concept of affective-digital labour[J]. Media and Communication, 6(3): 22-29.

KAID L L, 2002. Political advertising and information seeking: Comparing exposure via traditional and Internet channels[J]. Journal of Advertising, 31(1): 27-36.

KAID L L, JOHNSTON A, 2001. Videostyle in presidential campaigns: Style and content of televised political advertising[M]. London: Praeger.

KATZ E, LAZARSFELD P, 1955. Personal influence[M]. New York: Free Press.

KAVKA M, 2008. Reality television, affect and intimacy: Reality matters[M]. Houndmills and New York: Palgrave.

KERN M, 1989. 30-second politics: Political advertising in the eighties[M]. New York: Praeger.

KELLNER D,2002. Theorizing globalization [J]. Sociological Theory,20(3): 285-305.

KEYES R, 2004. The Post - Truth Era: Dishonesty and Deception in Contemporary Life[M]. New York,NY:St Marin's Press.

KITCH C,1999. Twentieth-century tales:News magazines and American memory [J]. Communication Monographs,1(2):120-155.

KLINE S,1997. Image politics:Negative advertising strategies and the election audience[M]// NAVA M et al. Buy this book:Studies in advertising and consumption. London:Routledge,139-156.

KENNEY K,SCOTT L M,2003. A review of the visual rhetoric literature[M]// SCOTT M L,BATRA R. Persuasive imagery:A consumer response perspective. Mahwah,NJ:Lawrence Erlbaum:17-56.

KNOBEL M,LANKSHEAR C,2007. A New Literacies Sampler[M]. New York, NY :Peter Lang.

KRESS G,VAN LEEUVEN T,2006. Reading images:the grammar of visual design (2nded) [M]. London:Routledge.

LAKOFF G,2004. Don't think of an elephant:Know your values and frame the debate:the essential guide for progressives[J]. White River Junction,VT:Chelsea Green.

MICHELE L,MOLNAR V,2002. The Study of Boundaries in the Social Sciences [J]. Annual Review of Sociology(28):167-95

LAMONT M,1992. Whitewashing Race:European Americans' Explanations of Social Inequality[M]. Oakland,CA:University of California Press.

LAMONT M,MOLNÁR V,2002. The Study of Boundaries in the Social Sciences [J]. Annual Review of Sociology(28):167-195.

LAMONT M,2012. Toward a Comparative Sociology of Valuation and Evaluation [J]. Annual Review of Sociology(38):201-221.

LANZETTA J T,SULLIVAN D G,MASTERS R D, MCHUGO G J,1985. Emotional and cognitive responses to televised images of political leaders[J]. Journal of Personality and Social Psychology,48(5):1200-1215.

LEES-MARSHMENT J,2001. Political marketing and British political parties:the party's just begun[M]. Manchester,England:Manchester University Press.

OLSON L C et al. 2008. Visual rhetoric:a reader in communication and American culture[M]. Newbury Park,CA:Sage Publications.

LOWRY D T, SHIDLER J A,1998. The Sound Bites,the Biters,and the Bitten:A Two-Campaign Test of the Anti-Incumbent Bias Hypothesis in Network TV News[J]. Journalism & Mass Communication Quarterly,75(4),796-815.

SOKHEY L,2014. Emotion,motivation,and social information seeking about politics[J]. Political Communication, 31(2):237-258.

LUENGO M, 2016. When Codes Collide:Journalists Push Back against Digital Desecration[M]//ALEXANDER J C et al. The Crisis of Journalism Reconsidered:Democratic Culture, Professional Codes, Digital Future. Cambridge, MA:Cambridge University Press:119-134.

LUNENBORG M,MAIER T,2018. The turn to affect and emotion in media studies [J]. Media and Communication,(6)3:1-4.

LUNTZ F I,2007. Words That Work:It's Not What You Say,It's What People Hear [M]. New York,NT:Hyperion Books.

MALCOLM A. Comment on "Is the New Yorker's Muslim Obama Cover Incendiary or Satire?" Los Angeles Times blog[EB/OL]. (2008-7-31)[2024-3-8]. http://latimesblogs. latimes. com/washington/2008/07/obama-muslim. html/.

MARCUS G,NEUMANN W,MACKUEN M,2000. Affective intelligence and political judgment[M]. Chicago:University of Chicago Press.

MAROUF HASIAN J R,2004. Remembering and Forgetting the "Final Solution":

A Rhetorical Pilgrim‐age through the U. S. Holocaust Museum[J]. Critical Studies in Mass Communication(21):64-92.

MASSUMI B,1996. The autonomy of affect[M]//DELEUZE. a Critical Reader, ed. P. Patton. Oxford:Blackwell.

MASSUMI B,2002. Parables for the Virtual:Movement,Affect,Sensation[M]. North Carolina:Duke University Press.

MASSUMI B,2015. Politics of affect[M]. Cambridge:Polity.

MAZZOLENI G,SCHULZ W,1999. "Mediatization" of politics:A challenge for democracy[J]. Political Communication(16):247-261.

MCGUIGAN J,2005. The cultural public sphere[J]. European Journal of Cultural Studies,8(4):427-443.

MCLEOD D, DETENBER L, 1995. The impact of social support on the psychological well‐being of cancer patients[J]. Journal of Health and Social Behavior,36(1):1-16.

MERELMAN R,1998. The mundane experience of political culture[J]. Political Communication(15):515-538.

MESSARIS P,2009. What's visual about "visual rhetoric"?[J]. Quarterly Journal of Speech,95(2):210-223.

MEDHURST M J,DESOUSA M A,1997. Rhetoric and Political Culture in Nineteenth‐Century America[M]. Ann Arbor:Michigan State University Press.

MEHLTRETTER S A,DALE A,HERBECK,2010. "Looks Count":Newspaper Accounts of the First Kennedy‐Nixon Debate during the 2004 Presidential Campaign[M]// in The Functions of Argument and Social Context:Selected Papers from the 16th Biennial Conference on Argumentation, ed. Dennis S. Gouran. Washington, DC: National Communication Association,579-586.

MEHRABIAN A,1971. Silent Messages[M]. Belmont,CA:Wadsworth Publishing Company.

MEYROWITZ J,1985. No sense of place:The impact of electronic media on social behavior[M]. Oxford:Oxford University Press.

MICALI A,2018. Leak early,leak(more than) often:outlining the affective politics of data leaks in network ecologies[J]. Media and Communication,6(3):48−59.

MILLER J L,MCKERROW R E,2001. Political argument and emotion:an analysis of 2000 presidential campaign discourse [J]. Contemporary Argumentation & Debate(22):43−58.

MIRZOEFF N,1999. An introduction to visual culture[M]. London:Routledge.

MITCHELL W J T,1994. Picture theory[M]. Chicago:University of Chicago Press.

MITCHELL W J T,2005. What do pictures want?:The lives and loves of images [M]. Chicago:University of Chicago Press.

MITCHELL S M,CARLIN D B,2004. Political Campaign Debates[M]∥ KAID L L et al. Handbook of Political Communication Research. Mahwah,NJ:Lawrence Erlbaum Associates:221−252.

NAMKOONG K,FUNG T K F,SCHEUFELE D A,2012. The politics of emotion: news media attention,emotional responses,and participation during the 2004 U. S. presidential election[J]. Mass Communication and Society,15(1):25−45.

NAVA M,BLAKE A,MACRURY I,RICHARDS B,1997. Buy This Book:Studies in Advertising and Consumption[M]. London:Routledge.

NEWMAN B,1999. Handbook of political marketing[M]. London:Sage.

NUSSBAUM M C,2013. Political Emotions:Why Love Matters for Justice [M]. Cambridge,MA:Belknap Press of Harvard University Press.

OLSON L C,2007. Intellectual and conceptual for visual rhetoric:a re−examination of scholarship since 1950[J]. The Review of Communication,7(1):3−4,6−8.

OLIVOLA C Y, TODOROV A,2010. Elected in 100 milliseconds:Appearance−based trait inferences and voting[J]. Journal of Nonverbal Behavior(34):83−110.

O'SULLIVAN S,2001. The aesthetics of affect:thinking art beyond representation [J]. Angelaki,6(3):125−135.

PARSONS T,BALES R F,1955. Family,socialization and interaction process[M]. New York:Free Press.

PARRY G,MOYSER G,DAY N,1992. Political participation and democracy in Britain [M]. Cambridge:Cambridge University Press.

PATTERSON K,GALE K,HAWKINS B G,HAWKINS R,2005. I approved this message:A study of political disclaimers[J]. Campaigns & Elections,26(4):9-40.

PATTERSON K,2006. Servant leadership:A brief look at love and the organizational perspective[J]. The International Journal of Servant-Leadership,2(1): 287-296.

REMNICK D,2017. Obama Reckons with A Trump Presidency[N]. The New Yorker, 6-14.

PETERSON V,2001. The rhetorical criticism of visual elements:an alternative to Foss's schema[J]. Southern Communication Journal(67):19-32.

PFAU M,2002. The Subtle Nature of Presidential Debate Influence[J]. Argumentation and Advocacy(38):251.

PIETRUSZA D,2008. 1960:LBJ vs. JFK vs. Nixon:The Epic Campaign That Forged Three Presidencies[M]. New York,NY:Union Square & Company.

POOLEY J,2007. Daniel Czitrom,James W. Carey,and the Chicago School[J]. Critical Studies in Media Communication, 24(5):469-472.

ROBERTS D,2010. Post-truth Politics. Gristn[EB/OL]. (-3-30)[2024-3-15]. http://grist. org/article/2010-03-30-post-truth-politics.

PRAGER J,RUSTIN M,1993. Psychoanalytic sociology (2 vols.)[M]. Aldershot, England:Edward Elgar.

RAFAELI A,SUTTON R J,1987. Expression of emotion as part of the work role [J]. Academy of Management Review(12):23-37.

RAHN W,KROEGER B,KITE C,1996. A framework for the study of public mood [J]. Political Psychology,17:29-58.

RAHN W,HIRSHORN R,1999. Political advertising and public mood:A study of children's political orientations[J]. Political Communication(16):361-385.

RECKWITZ A, 2017. Practices and their affects [M]∥HUI A, SCHATZKI T, SHOVE E et al. The nexus of practices. Abingdon:Routledge.

REMNICK D,2017. The fragile earth:Writing from The New Yorker on climate change[M]. New York,NY:Vintage.

RICHARD B,1994. Disciplines of delight:the psychoanalysis of popular culture [M]. London:Free Association Books.

RICHARDS B, BROWN J,2002. The therapeutic culture hypothesis:A critical discussion [M]∥JOHANSSON T, SERNHEDE O et al. Lifestyle, desire and politics: Contemporary Iidentities. Gothenburg:Daidalo:97-114.

RICHARDS B,2000. The real meaning of spin[J]. Soundings(14):161-170.

RICHARDS B,2004. The emotional deficit in political communication[J]. Political Communication, 21(3):339-352.

RICHARDS B,MACRURY I, BOTTERILL J,2000. The dynamics of advertising [M]. London:Harwood Academic Press.

RIEFF P,1966. The triumph of the therapeutic[M]. Chicago:University of Chicago Press.

RIZZOLATTI G,SINIGAGLIA C,2016. The mirror mechanism:A basic principle of brain function[J]. Nature Reviews Neuroscience,17(12):757-765.

RORTY R,1979. Philosophy and the mirror of nature[M]. Princeton:Princeton University Press.

RYFE D M,2001. History and political communication:An introduction[J]. Political Communication(18):407-417.

SAMPSON T,MADDISON S,ELLIS D, 2018. Affect and social media. Emotion, mediation,anxiety and contagion[M]. London:Rowman & Littlefield.

SCHILL D,2009. Stagecraft and Statecraft:Advance and Media Events in Political Communication[M]. Lanham,MD:Lexington Books.

SCHILL D,2012. The visual image and the political image:A review of visual communication research in the field of political communication[J]. Review of Communication,12(3):187-205.

SCHUDSON M,1989. The sociology of news production[J]. Media,Culture & Society (11):263-282.

SCHUDSON M,2001. Politics as cultural practice[J]. Political Communication (18):421-431.

SCHUDSON M,2005. Four approaches to the sociology of news[M]// CURRAN J, GUREVITCH M et al. Mass Media and Society(4th edn). London:Hodder Arnold.

SEDGWICK E K,2003. Touching Feeling:Affect,Pedagogy,Performativity[M]. North Carolina:Duke University Press.

SEITER J S,JR W H,2005. Audience perceptions of candidates' appropriateness as a function of nonverbal behaviors displayed during televised political debates[J]. Journal of Social Psychology, 145(2):225-236.

SEIGWORTH G J,GREGG M,2010. An inventory of shimmers[M]// GREGG M, SEIGWORTH G J et al. The affect theory reader. Durham:Duke University Press:1-25.

SHAVIRO S,2010. Post-cinematic affect[M]. Winchester:Zero Books.

SHEN F,SHEER V C,LI R,2015. Impact of narratives on persuasion in health communication:A meta-analysis[J]. Journal of Advertising,44(2):105-113.

SHEN F,AHERN L,BAKER M,2014. Stories that count:Influence of news narratives on issue attitudes[J]. Journalism & Mass Communication Quarterly,91(1):98-117.

SHIFMAN L,2013a. Memes in Digital Culture[J]. Cambridge,MA:MIT Press.

SHIFMAN L,2013b. Memes in a Digital World:Reconciling with a Conceptual Troublemaker[J]. Journal of Computer Mediated Communication,18(3):362-377.

SHOEMAKER S,1982. The inverted spectrum[J]. Journal of Philosophy,79(7): 357-381.

SLACK J D, 1996. The theory and method of articulation in cultural studies [M]//MORLEY D,CHEN H et al. Stuart Hall. Critical dialogues in cultural studies. New York,NY:Routledge:112-127.

SLACK J D, 2012. Beyond transmission, modes, and media [M]//PACKER J, CROFTS W, STEPHEN B et al. Communication matters. Materialist approaches to media,mobility,and networks. New York,NY:Routledge:143-158.

SMITH P,1992. The emotional labour of nursing[M]. Basingstoke:Macmillan.

SPRATT M, PETERSON A, LAGOS T, 2005. Photographs and Flags: Uses and Perceptions of an Iconic Image Before and After September 11,2001[J]. Political Research Quarterly,58(2):237-254.

STADLER J, 2014. The Routledge encyclopedia of film theory [M]. Abingdon: Routledge:1-6.

STEWART C E,MOSLEY M J,FIELDER A R,STEPHENS D A,2004. Refractive adaptation in amblyopia:quantification of effect and implications for treatment [J]. Investigative Ophthalmology & Visual Science,45(12):4400-4405.

STREET J,1997. Politics and popular culture[M]. Cambridge,England:Polity.

STREET J, 2001. Mass media, politics and democracy [M]. Basingstoke: Palgrave:5.

STURKEN M & CARTWRIGHT L,2001. Practices of looking[M]. London:Oxford University Press.

SUNA L,2018. Negotiating belonging as cultural proximity in the process of adapting global reality TV formats[J]. Media and Communication,6(3):30-39.

TAYLOR R,1998. The Eisenstein Reader[M]. London:British Film Institute.

TEINOWITZ I,2006. More mudslinging than ever? [J]. Advertising Age,77(45):79.

TESICH S,1992. A Government of Lies[N]. The Nation,6-13.

TIESSEN M,2013. Affects[M]∥SHIELDS R,VALLEY M et al. Demystifying Deleuze. An introductory assemblage of crucial concepts. Ottawa:Quill Books:13.

TOMKINS S,1963. Affect,Imagery,Consciousness[M]. Berlin Heidelberg:Springer Publishing.

TODOROV A,PAKRASHI M,OOSTERHOF N N,2009. Evaluating faces on trustworthiness after minimal time exposure[J]. Social Cognition,27(5):813-833.

TODOROV A,MANDISODZA A N,GOREN A,HALL C C,2005. Inferences of competence from faces predict election outcomes[J]. Science,308(5728): 1623-1626.

THOMAS A,HOLLIHAN,2001. Uncivil Wars:Political Campaigns in a Media Age [M]. Boston:Bedford St. Martins.

TILLY C,2006. Regimes and Repertoires[M]. Chicago,IL:University of Chicago Press.

TURNER JONATHAN H,STETS,JAN E,2006. Handbook of the sociology of emotions[M]. New York, NT:Springer Publishing.

VEGH S,2003. Classifying forms of online activism:The case of cyberprotests against the World Bank [M]∥MCCAUGHEY M, AYERS M et al. Cyberactivism:Online activism in theory and practice. New York:Routledge:71-95.

WEBLEY K,2015. How the Nixon-Kennedy Debate Changed the World[EB/OL]. (2010-9-23)[2015-7-1]. http:∥content. time. com/time/nation/article/0, 8599,2021078,00. html.

WENTWORTH W M,YARDLY D,1994. Deep sociality:A bioevolutionary perspective on the sociology of human emotions[M]∥FRANKS D D,WENTWORTH W M, RYAN J et al. The sociology of emotions:Basic human emotions. Cambridge:Cambridge University Press:147-175.

WERNICK A,1991. Promotional culture:advertising,ideology and symbolic expression[M]. London:Sage.

WESTEN D,2007. The Political Brain:The Role of Emotion in Deciding the Fate of the Nation[M]. New York,NT Public Affairs.

WETHERELL M,2012. Affect and emotion. A new social science understanding [M]. London:Sage.

WILLIAMS R,1958. Culture and society,1780−1950[M]. Chatto & Windus.

WHITE T H,1961. The Making of the President 1960[M]. New York,NY:Atheneum Publishers.

WILLIAMS R,1962. Communications [M]. Harmondsworth, Middlesex: Penguin Books.

WILLIAMS R,1977. Marxism and Literature[M]. Oxford:Oxford University Press.

WILLIAMS R,1989. Resources of Hope:Culture,Democracy,Socialism[M]. London: Verso Books.

WILLIAMS R,1995. The Sociology of Culture[M]. Chicago:The University of Chicago: 207,10.

WILLIAMS S,2000. Emotion and social theory[M]. London:Sage.

WILLIAMS R,1961. The long revolution[M]. London:Chatto & Windus.

WILLIAMS R,1978. Marxism and literature[M]. Oxford:Oxford University Press.

WORTH S,1981. Pictures Can't Say Ain't[M]//Studying Visual Communication. Philadelphia:University of Pennsylvania Press.

YILDIRIM M,ARSLAN G,2020. Exploring the associations between resilience,dispositional hope, preventive behaviours, subjective well−being, and psychological health among adults during early stage of COVID−19[J]. Current Psychology (41):5712−5722.

ZELDIN T,1994. An intimate history of humanity[M]. London:Sinclair−Stevenson.

ZELIZER B,1992. Covering the body:the Kennedy assassination,the media,and the shaping of collective memory[M]. Chicago & London:The University od Chicago Press.

ZELIZER B,2005. The Culture of Journalism[M]//CURRAN J,GUREVITCH M et al. Mass Media and Society. London:Hodder Arnold:198-214.

ZELIZER B,2004a. When facts,truth,and reality are God-terms:on journalism's uneasy place in cultural studies[J]. Communication and Critical/Cultural Studies,1(1):100-119.

ZELIZER B,2004b. Taking Journalism Seriously:News and the Academy[M]. Thousand Oaks:Sage.

ZELIZER B,2005. The Culture of Journalism[M]//CURRAN J,GUREVITCH M. Mass Media and Society(4th edn.). London:Hodder Arnold.

ZELIZER B,2004. Taking Journalism Seriously:News and the Academy[M]. Thousand Oaks:Sage.

ZELIZER B,1995. Reading the Past Against the Grain:The Shape of Memory Studies[J]. Critical Studies in Mass Communication(12):214.

ZILLMANN D,KNOBLOCH S,YU H-S,2001. Effects of photographs on the selective reading of news reports[J]. Media Psychology,3(4):301-324.

八年前的深秋，纽约曼哈顿的电子巨屏与街区图书馆的显像管屏幕在我的研究视域中构成双重镜像。一面是特朗普与希拉里辩论直播中翻涌的"让美国再次伟大"标语，红蓝星条旗在玻璃幕墙的折射下扭曲成流动的意识形态光谱；另一面是 1960 年肯尼迪与尼克松电视辩论的修复影像，黑白噪点间，肯尼迪的深色西装在灰度对比中宛若权力雕塑，而尼克松眉骨凝结的汗珠历经六十年数字化重制，仍在 4K 屏幕上传递着生理性焦虑的当代共鸣。这两组穿越时空的视觉文本，最终成为本书研究的重要认知起点——当媒介的物质性与空间的权力性在特定历史时刻碰撞，美国政治视觉修辞便生发出解构社会共识的异质力量。

2016 年，在国家留学基金委的资助下，我作为公派联合培养博士生赴美国威斯康星大学麦迪逊分校学习，未曾料到一场不期而遇的美国大选，成为美国政治传播研究的重要转折点，其影响不仅重塑了政治传播的实践路径，也为学术研究提供了多维度的分析框架。在美期间的田野调查赋予本研究独特的时空纵深，这段被历史选中的学术际遇，使我的研究获得了双重在场：作为传播学研究者，我系统追踪社交媒体如何解构传统选举传播链；作为跨文化观察者，我目睹锈带工人将褪色的工会徽章与新铸的 MAGA 帽子并置佩戴；在洛杉矶的涂鸦墙前，艺术家用喷枪将选举人团体地图改造成撕裂的伤口意象；社交媒体实验室的跟踪数据显示，同一组边境墙图像经过算法过滤，在红蓝阵营用户界面呈现全然相异的饱和度与构图比例。这些经验材料促使我超越传统政治传播研究的符号学范式，转而构建"媒介—空间—事件"的三维分析框架，本书各章即是对此理论模型的渐次展开与验证。

需要特别说明的是，政治视觉修辞的批判性研究，本质上是对美国民主政治物质性根基的重新勘探。这种研究路径要求研究者穿透符号表层的意义博弈，深入考察视觉技术如何通过具体的物质载体与空间实践形塑政治认知。本书通过历时性档案分析与共时性田野调查的结合，系统揭示了视觉文本的权力编码逻辑——无论是历史影像的光影调控技术，还是当代美国社交平台的算法视觉规训，都在不同历史阶段重构着美国民主参与的物理界面与认知边界。这些跨越甲子的媒介考古发现，若非国家留学基金委提供的完整研究周期与跨地域移动自由，实难获得系统性突破。

在方法论层面，作为来自东方的观察者，既要深度介入研究对象的意义网络以捕捉文化肌理，又需要自觉维系批判性的阐释距离，这种动态平衡本身便成为方法论创新的催化剂。在此过程中所获取的珍贵一手观察，促使本书最终确立技术中介、身体在场与情感共同体的交叉分析路径。

值此专著付梓之际，重读田野笔记中那段特殊记录仍觉震撼：美国社交媒体上"直接对话选民"模式突破传统媒体议程垄断、民调失灵、视觉模因策略……充满后现代隐喻的媒介奇观，恰恰揭示了当代美国政治传播的残酷真相：当精心设计的视觉符号取代理性对话成为主导力量，美国民主政治的核心便从思想交锋退化为符号战争。人们不再辩论政策优劣，而是沉迷于视觉刺激的即时快感，公共领域在算法推送的狂欢中逐渐失能。

在此，我首先要向国家留学基金委致以最深切的谢意——八年前那纸跨越太平洋的派遣函，不仅赋予我观察美国政治传播现场的特权身份，更让我在媒介技术重构全球认知的裂变时刻，亲历了跨文化研究的史诗现场。威斯康星大学麦迪逊分校的琳恩·范斯沃尔（Lynn van Swol）教授以她睿智的学术对话与传播心理学方法论的倾囊相授，使我在异国他乡更加坚定了中国传播学研究的主体性自觉。

我的学术基因深植于南开大学文学院与中国人民大学新闻学院的沃土，这两座中国学术重镇以互补的学术光谱浇筑了我的研究根系。我的博士导师，中国人民大学新闻学院殷强教授，铸就了我观照视觉传播研究的认知坐标；南开大学的刘运峰教授，面对浩瀚史料甘坐冷板凳的研究精神教会我"纸页摩挲即是学术修行"的真谛。落笔之际，南开大学与中国人民大学签署战略合作框架协议的新闻跃入眼帘，2025 年也恰逢中国人民大学新闻学院建院 70 周年，这部携带着两所母校学术基因的作品即将付梓，我更愿将其视为两所母校学术血脉交融的微观结晶，亦是对两校师长学脉相承的致敬！

此外，要感谢在美国求学期间，陪我跨越时差连线的同窗和挚友，当微信对话框里的中英混杂术语与屏幕共享的竞选广告分析图层叠闪动时，我深知学术共同体的真正含义早已超越地理边界。感谢我的工作单位北京印刷学院对出版经费的资助，感谢我的责任编辑李婧，她的高效与严谨，使这部作品能够顺利出版。

最后，感谢我的家人，尤其是我可爱的女儿。那些深夜里摇篮曲的旋律，书桌旁奶声奶气的提问，以及用蜡笔在我论文草稿上绘制的"创作"，都成为我学术星空中最璀璨的星。

谨以这份研究，献给所有在新闻传播学科中搭建理解之桥的引路者与同行人。当我们凝视异域政治景观时，那些在视觉中闪烁的普遍性灵光，终将在比较的镜像中照亮人类共同面对的现代性困境。这段始于八年前的学术跋涉，既是个人研究志业的阶段总结，更是在媒介化时代守护理性对话的微小尝试——毕竟，在解构美国政治视觉幻象之后，我们仍需在话语的废墟上重建理解的桥梁。

2025 年 3 月